仲間で話そう

中国語

徐　送迎

朝日出版社

音声ダウンロード

 音声再生アプリ「リスニング・トレーナー」（無料）

朝日出版社開発のアプリ、「リスニング・トレーナー（リストレ）」を使えば、教科書の音声をスマホ、タブレットに簡単にダウンロードできます。どうぞご活用ください。

まずは「リストレ」アプリをダウンロード

▶ App Store はこちら　　▶ Google Play はこちら

アプリ［リスニング・トレーナー］の使い方

❶ アプリを開き、「**コンテンツを追加**」をタップ
❷ QRコードをカメラで読み込む

❸ QRコードが読み取れない場合は、画面上部に **45320** を入力し「Done」をタップします

QRコードは㈱デンソーウェーブの登録商標です

Web ストリーミング音声

http://text.asahipress.com/free/ch/nakama

◆本テキストの音声は、上記のアプリ、ストリーミングでのご提供となります。
　本テキストにCD・MP3は付きません。

　本書は初級中国語を学び終えた学習者を対象にした準中級教科書です。

　近年では、来日する中国人観光客の増加にともない、中国語の学習は学生の就職活動にプラスとなり、仕事に役立つことも多くなってきています。そして、2020年東京オリンピックが開催され、中国語の需要がさらに高まって行くでしょう。したがって、中国語の学習もこのよい風に乗って、もっと盛り上がって行けばと、考えております。

　このテキストは、青春、友情、旅をテーマにし、アメリカ人大学生・ウィリアムさんとマリーさん、中国人大学生・王媛さん、日本人新米社会人の鈴木さんを通じて、展開しています。

　学習者自身がその主人公になって、旅に出たり、友達を作ったり、熱く夢を語り合ったりして、楽しんでいるうちに中国語を覚えて行けたら、最高だと思います。

　各課は本文、語句、ポイント、トレーニングという四つで構成されています。全12課の本文は週1回の授業で、1年で学び終えられるようになっています。初級の文法事項や語彙を復習しつつ、さらなる確実な一歩を踏み出せるように工夫しました。また、中国語検定試験3級に対応できるように、よく出てくる複文も多く取り入れました。

　トレーニングは、聴く、話す、読む、書くという総合的な訓練を行う同時に、積極的に話すことに重点を置きました。

　本教科書での勉強によって、学習者の皆様に中国語の楽しさ、そして、授業を受けた充実感と達成感を毎回味わっていただければ幸いです。

　本書の刊行にあたり、教科書の執筆を誘ってくださった編集者の許英花氏に厚くお礼を申し上げます。

作　者

目次

- まえがき

 第1课　认识一下儿好吗
1. 助動詞"会"(1)
2. 介詞"在〜"
3. 動量補語
4. "是〜的"構文
5. 助動詞"想"
8

 第2课　想去的地方很多
1. 介詞"给〜"
2. 複文"除了A，还(也)B"
3. 動詞"打算"
4. 反語文"不是〜吗"
5. "连A都(也)B"
14

 第3课　好久不见
1. 動態助詞"了"
2. 複文"一边A，一边B"
3. 様態補語
4. 使役文
5. 二重目的語
20

 第4课　让爱子去旅行
1. 複文"因为A，所以B"
2. 助動詞"要"
3. 助動詞"应该"
4. 複文"如果A(的话)，就B"
5. 助動詞"会"(2)
26

 第5课　外国人都喜欢吃
1. 複文"先A，然后B"
2. 複文"A是A，不过B"
3. 可能補語
4. 複文"不管A，都B"
5. 複文"既A，又B"
32

第6课　今天我请客
1. 複文"不但A，而且B"
2. 複文"要么A，要么B"
3. "提议"の使い方
4. 語気助詞"了"
5. 結果補語
38

Table of contents

第7课	我们的梦想	1. 介詞"作为～" 2. "想好了"と"还没想好" 3. 禁止を表わす"别"と"不要" 4. 動態助詞"着" 5. 複文"虽然A，但是B"	44
第8课	有一个愿望	1. 挿入語"据说～"と"听说～" 2. 複文"只要A，就B" 3. 複合方向補語"～出来" 4. 複文"不仅A，还B" 5. 兼語文	50
第9课	谈谈个人问题	1. 介詞"向～" 2. 助動詞"可以"と"能" 3. 比較文"A比B～" 4. 複文"即使A，也B" 5. 時量補語	56
第10课	联系方法	1. "快～了" 2. 助動詞"得" 3. "把"構文 4. 副詞"就"と"才" 5. 複文"一A，就B"	62
第11课	欢聚北京	1. "越来越～" 2. 動作の進行を表わす"在" 3. 構造助詞"地" 4. 動態助詞"过" 5. 受身文"被～"	68
第12课	请到我家做客	1. 介詞"跟～" 2. 副詞"再"と"又" 3. 複文"既然A，(就)B" 4. 介詞"离～" 5. "有点儿"と"一点儿"	74

- 課外活動　80
- 索引　81

表紙・本文デザイン　小熊未央
イラスト　藤井美智子

登场人物
Dēngchǎng rénwù

威廉 Wēilián

玛丽 Mǎlì

2人は同じ大学の3年生で、中国語を専攻

王媛 Wáng Yuán

観光学部の2年生

铃木 Língmù

学生時代、アメリカに留学したとき、ウィリアムさんやマリーさんと親友になった新米社会人

第1课 认识 一下儿 好 吗
Rènshi yíxiàr hǎo ma

Story 民宿のロビーは若い男女でにぎわっている。 01

王媛: 你们 好！你们 会 说 汉语?! 你们 是……
Nǐmen hǎo! Nǐmen huì shuō Hànyǔ?! Nǐmen shì......

威廉: 我们 是 美国人，在 大学 学 汉语 专业。
Wǒmen shì Měiguórén, zài dàxué xué Hànyǔ zhuānyè.

王媛: 我们 认识 一下儿 好 吗? 我 叫 王 媛，是 中国人。
Wǒmen rènshi yíxiàr hǎo ma? Wǒ jiào Wáng Yuán, shì Zhōngguórén.

威廉: 我 叫 威廉，她 是 玛丽。都 是 大学 三 年级 的 学生。
Wǒ jiào Wēilián, tā shì Mǎlì. Dōu shì dàxué sān niánjí de xuésheng.

王媛: 认识 大家 很 高兴。我 是 观光系 二 年级 的 学生。
Rènshi dàjiā hěn gāoxìng. Wǒ shì guānguāngxì èr niánjí de xuésheng.

玛丽: 哇！你 的 专业 好 啊，可以 到处 去 旅游。
Wā! Nǐ de zhuānyè hǎo a, kěyǐ dàochù qù lǚyóu.

王媛: 诶，你们 好像 还 会 说 日语 吧?
Éi, nǐmen hǎoxiàng hái huì shuō Rìyǔ ba?

威廉: 对，有的 同学 还 会 说 韩国语 和 俄语。
Duì, yǒude tóngxué hái huì shuō Hánguóyǔ hé Éyǔ.

王媛: 真 了不起！你们 是 来 日本 旅游 的 吗?
Zhēn liǎobuqǐ! Nǐmen shì lái Rìběn lǚyóu de ma?

玛丽: 主要 想 会 朋友，顺便 观光。
Zhǔyào xiǎng huì péngyou, shùnbiàn guānguāng.

8

Word

1. 认识 rènshi 動 知り合う、知っている
2. 一下儿 yíxiàr 数量 ちょっと、少し
3. 会 huì 助 〜することができる
4. 专业 zhuānyè 名 専攻
5. 年级 niánjí 名 学年
6. 大家 dàjiā 代 みなさん、みんな
7. 高兴 gāoxìng 形 嬉しい、喜ぶ
8. 哇 wā 感 ああ、わあ
9. 可以 kěyǐ 助 〜することができる
10. 到处 dàochù 副 至る所、あちこち
11. 诶 éi 感 (話題を変えたり、問いただす意を表わす) ねえ、あれ、おや
12. 好像 hǎoxiàng 副 〜のようだ
13. 还 hái 副 まだ、さらに、ほかに
14. 有的 yǒude 代 ある（人・もの）
15. 同学 tóngxué 名 クラスメート
16. 韩国语 Hánguóyǔ 名 韓国語
17. 俄语 Éyǔ 名 ロシア語
18. 了不起 liǎobuqǐ 形 すばらしい、すごい
19. 主要 zhǔyào 形 主に、主な
20. 会 huì 動 合う
21. 朋友 péngyou 名 友達
22. 顺便 shùnbiàn 副 ついでに

Point

1 助動詞"会"(1)　主語＋"会"＋動詞＋（目的語）　「〜することができる」

動詞の前に置かれ、勉強や訓練を通じてできること（主に語学、スポーツ、音楽及び他の技能）を表わす。

(1) 我会说英语。
　　Wǒ huì shuō Yīngyǔ.

(2) 我哥哥会打棒球。　＊打棒球：野球をする
　　Wǒ gēge huì dǎ bàngqiú.

(3) 玛丽会弹吉他。　＊弹吉他：ギターを弾く
　　Mǎlì huì tán jítā.

(4) 他会开车吗?　→　他好像会开车。　＊开车：車を運転する
　　Tā huì kāichē ma?　　 Tā hǎoxiàng huì kāichē.

> **2** 介詞"在～"　　"在"＋場所＋動詞　　「～で、～に」

(1) 我们在食堂吃午饭。
　　Wǒmen zài shítáng chī wǔfàn.

(2) 威廉在图书馆查资料。
　　Wēilián zài túshūguǎn chá zīliào.　　＊查：調べる

(3) 你们在哪儿学习？　→　我们在教室学习。
　　Nǐmen zài nǎr xuéxí?　　Wǒmen zài jiàoshì xuéxí.

(4) 他爸爸不在贸易公司工作。
　　Tā bàba bú zài màoyì gōngsī gōngzuò.
　　● 否定詞は普通"在"の前に置く。
　　＊公司：会社　＊工作：仕事（をする）

> **3** 動量補語　　主語＋動詞＋動量補語＋（目的語）

動量補語は動詞の後に置かれ、動作・行為の回数や程度を表わす。

(1) 我去一趟银行。
　　Wǒ qù yí tàng yínháng.　　＊趟：(1往復) 回、度

(2) 你念几遍课文？　　我念两遍课文。
　　Nǐ niàn jǐ biàn kèwén?　　Wǒ niàn liǎng biàn kèwén.
　　＊念：声を出して読む　＊遍：（動作の始めから終わりまでの全過程）回

📗 目的語が代名詞（人称代名詞・指示代名詞）の場合、動量補語は目的語の後ろに置く。
　　主語＋動詞＋目的語＋動量補語

(3) 请等我一下儿。
　　Qǐng děng wǒ yíxiàr.　　＊等：待つ

(4) 威廉，你来这里一下儿好吗？
　　Wēilián, nǐ lái zhèli yíxiàr hǎo ma?　　＊这里：ここ、こちら

10

4 "是～的"構文　主語＋("是")＋時間・手段など＋動詞＋"的"　「～したのです」

　既に実現し、完了した事柄について、その行われた時間・場所・手段・目的などを説明する時に用いる。"是"は省略してもよい。

(1) 他是什么时候大学毕业的？
　　Tā shì shénme shíhou dàxué bìyè de?　　＊毕业：卒業する

(2) 你们是怎么来的？
　　Nǐmen shì zěnme lái de?
　　→ 我是走来的。
　　　 Wǒ shì zǒu lái de.

　　　 他坐地铁来的。
　　　 Tā zuò dìtiě lái de.

　　　 我们骑自行车来的。
　　　 Wǒmen qí zìxíngchē lái de.

　　＊怎么：どのように　　＊骑自行车：自転車に乗る

(3) 你是在哪儿学的汉语？
　　Nǐ shì zài nǎr xué de Hànyǔ?

　　你是在哪儿学汉语的？
　　Nǐ shì zài nǎr xué Hànyǔ de?

　● 目的語がある場合、"的"を目的語の前にも後ろにも置くことができる。

(4) 我不是坐地铁来的。
　　Wǒ bú shì zuò dìtiě lái de.

　● 否定文の場合、"是"の省略はできない。

5 助動詞"想"　主語＋"想"＋動詞　「～したい、～したいと思う」

(1) 我想吃小笼包。
　　Wǒ xiǎng chī xiǎolóngbāo.　　＊小笼包：ショーロンポー

(2) 他想做贸易工作。
　　Tā xiǎng zuò màoyì gōngzuò.

(3) 我想换人民币。
　　Wǒ xiǎng huàn Rénmínbì.　　＊换：両替えする

(4) 今天我们都不想加班。
　　Jīntiān wǒmen dōu bù xiǎng jiābān.

　● 否定詞は"想"の前に置く。

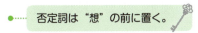

＊加班：残業する

Drill

1 中国語の発音を聞いて簡体字で書き取りましょう。

(1) _____ (2) _____

(3) _____ (4) _____

(5) _____ (6) _____

(7) _____ (8) _____

2 本文に基づいて質問に答えましょう。

(1) 威廉在大学学什么专业？

答 _____

(2) 威廉和玛丽是大学几年级的学生？

答 _____

(3) 王媛是哪个系的学生？

答 _____

(4) 威廉他们会说日语吗？

答 _____

3 下記の日本語の意味になるように、語句を並べ替えましょう。

(1) 私たち知り合いになりませんか。
〔 一下儿　我们　好　认识　吗　？ 〕

(2) 私は観光学部2年生です。
〔 学生　观光系　我　的　是　二年级　。 〕

(3) 私たちは主に友人に会いに来て、ついでに観光します。
〔 我们　朋友　观光　主要　顺便　会　想　，　。 〕

4 次の日本語を中国語に訳しましょう。

(1) みなさんと知り合いになれて嬉しいです。

(2) あなたは本当に素晴らしいです。

(3) 彼はスペイン語も話せるようです。　（★スペイン語：西班牙语 Xībānyáyǔ）

(4) あなたの専攻はいいですね、あちこちへ旅行に行けます。

達成度を総合チェック

5 次の空欄を埋めて、日本語に訳してみましょう。

(1) 他们（　　　　）来旅游（　　　　　）。
　　日本語訳

(2) 他们（　　　　）是学生，（　　　　　）大学学汉语专业。
　　日本語訳

(3) 我不（　　　　）说俄语，很（　　　　　）学习学习。
　　日本語訳

暗唱できるように

自身のことを書き入れ、さらに暗唱しましょう。

- 我们认识一下儿好吗？　　　　　Wǒmen rènshi yíxiàr hǎo ma?
- 我是大学＿＿＿年级的学生。　　Wǒ shì dàxué ＿＿＿ niánjí de xuésheng.
- 我在大学学＿＿＿＿＿专业。　　Wǒ zài dàxué xué ＿＿＿＿＿ zhuānyè.
- 我会说汉语，还会说＿＿＿＿。　Wǒ huì shuō Hànyǔ, hái huì shuō ＿＿＿＿.

第 2 课　想去的地方很多
Xiǎng qù de dìfang hěn duō

Story　友達になった若者たちのお話が盛り上がっている。　　07

王媛：威廉，你们 经常 来 日本 旅游 吗?
　　　Wēilián, nǐmen jīngcháng lái Rìběn lǚyóu ma?

威廉：不，这 是 第一 次，几 个 好 朋友 利用 暑假 自助游。
　　　Bù, zhè shì dì-yī cì, jǐ ge hǎo péngyou lìyòng shǔjià zìzhùyóu.

王媛：那 你们 也 是 在 网 上 订 的 家庭 旅店 吗?
　　　Nà nǐmen yě shì zài wǎng shang dìng de jiātíng lǚdiàn ma?

玛丽：不 是，是 日本 朋友 给 我们 订 的。
　　　Bú shì, shì Rìběn péngyou gěi wǒmen dìng de.

威廉：他 晚上 来 这里，我 给 你 介绍 一下儿。
　　　Tā wǎnshang lái zhèli, wǒ gěi nǐ jièshào yíxiàr.

王媛：非常 感谢! 除了 东京，你们 还 打算 去 哪儿?
　　　Fēicháng gǎnxiè! Chúle Dōngjīng, nǐmen hái dǎsuan qù nǎr?

威廉：想 去 的 地方 很 多，京都、大阪，还有 北海道 也 想 去。
　　　Xiǎng qù de dìfang hěn duō, Jīngdū, Dàbǎn, háiyǒu Běihǎidào yě xiǎng qù.

玛丽：中国人 不 是 说："读 万 卷 书，行 万 里 路" 吗?
　　　Zhōngguórén bú shì shuō: "Dú wàn juàn shū, xíng wàn lǐ lù" ma?

王媛：你 的 汉语 水平 真 高，连 这样 的 老话 都 知道。
　　　Nǐ de Hànyǔ shuǐpíng zhēn gāo, lián zhèyàng de lǎohuà dōu zhīdào.

威廉：诶，玛丽，这 句 话 是 什么 意思?
　　　Éi, Mǎlì, zhè jù huà shì shénme yìsi?

Word

① 地方 dìfang 图 ところ
② 经常 jīngcháng 副 よく、しょっちゅう
③ 第一次 dì-yī cì 初めて（の）
④ 暑假 shǔjià 图 夏休み
⑤ 自助游 zìzhùyóu 動 個人旅行する（"自由行 zìyóuxíng" とも言う）
⑥ 网上 wǎng shang インターネット上
⑦ 订 dìng 動 予約する、注文する
⑧ 家庭旅店 jiātíng lǚdiàn 图 民宿
⑨ 给 gěi 介 〜に、〜のために
⑩ 介绍 jièshào 動 紹介する
⑪ 除了A，还B chúle A, hái B A以外さらにB、AのほかにBも

⑫ 打算 dǎsuan 動 〜するつもりだ、〜する予定だ
⑬ 还有 háiyǒu 接 そして、その上に
⑭ 不是〜吗 bú shì 〜 ma 〜ではないか
⑮ 读万卷书，行万里路 Dú wàn juàn shū, xíng wàn lǐ lù 諺 万巻の書を読み、万里の道を行く。
⑯ 水平 shuǐpíng 图 レベル
⑰ 连A都B lián A dōu B AさえもB、AまでもB
⑱ 这样 zhèyàng 代 こんな、このような
⑲ 老话 lǎohuà 图 古い言葉
⑳ 知道 zhīdào 動 知っている、分かる
㉑ 这句话 zhè jù huà この言葉、この話
㉒ 意思 yìsi 图 意味

Point

 1 介詞 "给〜"　主語＋"给"＋人＋動詞　「〜に、〜のために」

(1) 我给大家介绍一下儿。
    Wǒ gěi dàjiā jièshào yíxiàr.

(2) 朋友每天给我发短信。
    Péngyou měitiān gěi wǒ fā duǎnxìn.　＊发短信：ショートメールを送る

(3) 父亲节他没给爸爸买礼物。
    Fùqīnjié tā méi gěi bàba mǎi lǐwù.

 否定詞は "给" の前に置く。

(4) 妈妈不给弟弟买智能手机。
    Māma bù gěi dìdi mǎi zhìnéng shǒujī.
    ＊礼物：プレゼント　＊智能手机：スマートフォン

Point

2 複文 "除了A，还(也)B" 「A以外さらにB、AのほかにBも」

(1) 除了北京，我们还想去上海、广州。
    Chúle Běijīng, wǒmen hái xiǎng qù Shànghǎi, Guǎngzhōu.

(2) 除了西餐，我们这里还有中餐。
    Chúle xīcān, wǒmen zhèli hái yǒu zhōngcān.　　＊西餐：洋食　　＊中餐：中国料理

(3) 他们除了英语，也会说西班牙语。
    Tāmen chúle Yīngyǔ, yě huì shuō Xībānyáyǔ.

(4) 星期天除了看电视，还经常去锻炼身体。
    Xīngqītiān chúle kàn diànshì, hái jīngcháng qù duànliàn shēntǐ.
    ＊电视：テレビ　　＊锻炼身体：体を鍛える

3 動詞 "打算" 「～するつもりだ、～する予定だ」

(1) 暑假你们打算做什么？　→　我打算在超市打工。
    Shǔjià nǐmen dǎsuan zuò shénme?　　Wǒ dǎsuan zài chāoshì dǎgōng.

    我还没有什么打算。
    Wǒ hái méiyǒu shénme dǎsuan.
    ＊超市：スーパーマーケット

(2) 我们打算全家人去海外旅游。
    Wǒmen dǎsuan quánjiārén qù hǎiwài lǚyóu.

(3) 他们打算明年在夏威夷结婚。
    Tāmen dǎsuan míngnián zài Xiàwēiyí jiéhūn.　　＊明年：来年　　＊夏威夷：ハワイ

(4) 毕业后她不打算到外资企业工作。
    Bìyè hòu tā bù dǎsuan dào wàizī qǐyè gōngzuò.

4 反語文 "不是～吗" 「～ではないですか」

反語の形で強く肯定の意を表わす。

(1) 我们不是好朋友吗？
    Wǒmen bú shì hǎo péngyou ma?

(2) 这不是非常好的事情吗？
    Zhè bú shì fēicháng hǎo de shìqing ma?　　＊事情：事、用事

(3) 你不是不会打乒乓球吗？　→　最近学的。
    Nǐ bú shì bú huì dǎ pīngpāngqiú ma?　　Zuìjìn xué de.　　＊打乒乓球：卓球をする

(4) 你不是还没到二十岁吗？为什么喝酒？
    Nǐ bú shì hái méi dào èrshí suì ma? Wèi shénme hē jiǔ?　　＊为什么：なぜ、どうして

5 "连A都(也)B" 「AさえもB、AまでもB」

(1) 他连好朋友都不告诉。
    Tā lián hǎo péngyou dōu bú gàosu.　　＊告诉：知らせる、教える

(2) 你连这么有名的政治家都不知道吗？
    Nǐ lián zhème yǒumíng de zhèngzhìjiā dōu bù zhīdào ma?　　＊这么：このように、こんなに(も)

(3) 最近我们非常忙，连星期天也不放假。
    Zuìjìn wǒmen fēicháng máng, lián xīngqītiān yě bú fàngjià.　　＊放假：休みになる

(4) 他连越南语都会说吗？　→　对，他很了不起。
    Tā lián Yuènányǔ dōu huì shuō ma?　　　　Duì, tā hěn liǎobuqǐ.

    ＊越南语：ベトナム語　　　　　　　　　　　不，他不会说。
    　　　　　　　　　　　　　　　　　　　　　Bù, tā bú huì shuō.

Drill

1 中国語の発音を聞いて簡体字で書き取りましょう。

(1) _____　　(2) _____

(3) _____　　(4) _____

(5) _____　　(6) _____

(7) _____　　(8) _____

2 本文に基づいて質問に答えましょう。

(1) 威廉他们经常来日本旅游吗？

　答 _____

(2) 谁给他们订的家庭旅店？

　答 _____

(3) 除了东京，他们还打算去哪儿？

　答 _____

(4) 中国人说的老话是什么？

　答 _____

3 下記の日本語の意味になるように、語句を並べ替えましょう。

(1) 私たちもインターネットで民宿を予約したのです。
〔 旅店　我们　网上　也　家庭　订　是　在　的 。〕

_____

(2) 北京のほかに、私たちは上海と広州にも行く予定です。
〔 上海　北京　广州　我们　打算　除了　和　去　还 ， 。〕

_____

(3) これは中国人の友達が私たちに買ってくれたプレゼントです。
〔 礼物　这　中国　是　我们　朋友　的　给　买 。〕

_____

4 次の文を中国語に訳しましょう。

(1) 夏休み、どこに行く予定ですか。

(2) みなさんにちょっとご紹介します。

(3) あなたたちはよく日本へ旅行に来ますか。

(4) この言葉はどういう意味ですか。

5 次の空欄を埋めて、日本語に訳してみましょう。

(1) 不知道为什么，他没（　　　　　）我（　　　　　）短信。
　　日本語訳

(2) 你（　　　　　）打算去美国留学（　　　　　）？　→　是啊，明年去。
　　日本語訳

(3) 这样的事情（　　　　　）孩子（　　　　　）知道。　＊孩子 háizi：子供
　　日本語訳

次の中国語を暗唱してみましょう。

・我给大家介绍一下儿。　　　　　　　　Wǒ gěi dàjiā jièshào yíxiàr.

・他们是第一次来日本，利用暑假自助游。　Tāmen shì dì-yī cì lái Rìběn, lìyòng shǔjià zìzhùyóu.

・你们的汉语水平真高。　　　　　　　　Nǐmen de Hànyǔ shuǐpíng zhēn gāo.

・除了北京，我还打算去上海和广州。
　　　　　　　　　　　　　　Chúle Běijīng, wǒ hái dǎsuan qù Shànghǎi hé Guǎngzhōu.

第 3 课 好久 不见
Hǎojiǔ bú jiàn

Story お話に花が咲いている最中、ウィリアムたちの友人・鈴木さんが来た。 🔊 13

玛丽: 铃木！好久 不见，你 还是 那么 帅 啊。
　　　Língmù! Hǎojiǔ bú jiàn, nǐ háishi nàme shuài a.

铃木: 大家 好！能 在 日本 再会，我 真 高兴！
　　　Dàjiā hǎo! Néng zài Rìběn zàihuì, wǒ zhēn gāoxìng!

威廉: 我 介绍 一下儿，这 位 是 我们 的 新 朋友——王 媛。
　　　Wǒ jièshào yíxiàr, zhè wèi shì wǒmen de xīn péngyou —— Wáng Yuán.

铃木: 初次 见面，请 多 关照。
　　　Chūcì jiànmiàn, qǐng duō guānzhào.

王媛: 你 好！你 的 汉语 发音 很 标准，真 不 简单！
　　　Nǐ hǎo! Nǐ de Hànyǔ fāyīn hěn biāozhǔn, zhēn bù jiǎndān!

铃木: 哪里 哪里。我 上 大学 的 时候 学了 一点儿。
　　　Nǎli nǎli. Wǒ shàng dàxué de shíhou xuéle yìdiǎnr.

玛丽: 他 现在 的 工作 需要 汉语，只好 拼命 学习。
　　　Tā xiànzài de gōngzuò xūyào Hànyǔ, zhǐhǎo pīnmìng xuéxí.

王媛: 一边 工作，一边 学 汉语，很 辛苦 啊。
　　　Yìbiān gōngzuò, yìbiān xué Hànyǔ, hěn xīnkǔ a.

威廉: 他 有 语言 天赋，汉语 说得 非常 棒。
　　　Tā yǒu yǔyán tiānfù, Hànyǔ shuōde fēicháng bàng.

玛丽: 对 了，威廉，让 铃木 告诉 你 那 句 话 的 意思 吧。
　　　Duì le, Wēilián, ràng Língmù gàosu nǐ nà jù huà de yìsi ba.

Word

🔊 14

① 好久不见 Hǎojiǔ bú jiàn　お久しぶりです。
② 还是 háishi 副 やはり、相変わらず
③ 那么 nàme 代 あんなに、そんなに
④ 帅 shuài 形 かっこいい、スマートである
⑤ 能 néng 助 ～することができる
⑥ 再会 zàihuì 動 再会する、また会う
⑦ 初次见面，请多关照 Chūcì jiànmiàn, qǐng duō guānzhào　はじめまして、どうぞよろしくお願いします。
⑧ 标准 biāozhǔn 形 標準的で綺麗である
⑨ 不简单 bù jiǎndān　たいしたものだ
⑩ 哪里哪里 nǎli nǎli　どういたしまして、とんでもない、いやいや
⑪ 上大学 shàng dàxué　大学に通う
⑫ 时候 shíhou 名 とき、時間
⑬ 了 le 助 ～した
⑭ 一点儿 yìdiǎnr 数量 少し、ちょっと
⑮ 需要 xūyào 動 必要である、必要とする
⑯ 只好 zhǐhǎo 副 ～するほかない
⑰ 拼命 pīnmìng 副 懸命に、一所懸命に
⑱ 一边A，一边B yìbiān A, yìbiān B　AしながらBする
⑲ 辛苦 xīnkǔ 形 苦労する、骨が折れる
⑳ 天赋 tiānfù 名 素質、天賦
㉑ 得 de 助 様態補語を導く語
㉒ 棒 bàng 形 すばらしい、すごい
㉓ 让 ràng 動 ～させる（してもらう）、～するように言う

Point

🔊 15

1　動態助詞"了"　　動詞＋"了"＋（目的語）　「～した」

"了"は動詞の後に置かれ、動作や行為の完了を表わす。否定文は"没（有）"を用いる。

(1)　我买了一本汉语词典。
　　　Wǒ mǎile yì běn Hànyǔ cídiǎn.

(2)　今天下了课，我去打工。　　未来（仮定）のことも表わすことができる。
　　　Jīntiān xiàle kè, wǒ qù dǎgōng.
　　　＊下课：授業が終わる

(3)　我们在超市买了很多乌龙茶。
　　　Wǒmen zài chāoshì mǎile hěn duō wūlóngchá.
　　　＊乌龙茶：ウーロン茶

(4)　昨天他不舒服，没来学校。　　"了"をつけない。
　　　Zuótiān tā bù shūfu, méi lái xuéxiào.
　　　＊不舒服：体の具合が悪い

Point

2 複文 "一边A，一边B"（"边A，边B"）　「AしながらBする」

(1) 妈妈一边做饭，一边听音乐。
Māma yìbiān zuò fàn, yìbiān tīng yīnyuè.

(2) 我爸爸一边看报纸，一边吃早饭。
Wǒ bàba yìbiān kàn bàozhǐ, yìbiān chī zǎofàn.　　＊报纸：新聞

(3) 我们边吃边谈好吗？
Wǒmen biān chī biān tán hǎo ma?　　＊谈：話す、語る

(4) 他们一边喝酒，一边观赏樱花。
Tāmen yìbiān hē jiǔ, yìbiān guānshǎng yīnghuā.　　＊观赏：観賞する

3 様態補語　　主語＋動詞（形容詞）＋"得"＋様態補語　　「～するのが…である」

様態補語は動作、行為の様態や程度を表わす。

(1) 我哥哥跑得非常快。
Wǒ gēge pǎode fēicháng kuài.　　＊跑：走る　＊快：速い

(2) 今天他来得很晚。
Jīntiān tā láide hěn wǎn.　　＊晚：遅い

📗 動詞に目的語が伴う場合、次のようになる。

(3) ┌ 他说汉语说得很流利。　　……動詞を重複させる。　　＊流利：流暢である
　　│ Tā shuō Hànyǔ shuōde hěn liúlì.
　　│ 他汉语说得很流利。　　……一つ目の動詞は省略できる。
　　└ 他的汉语说得很流利。　　……"的"を入れる言い方もある。

(4) 他足球踢得好不好？　→　┌ 他踢得很棒。
　　Tā zúqiú tīde hǎo bu hǎo?　　│ Tā tīde hěn bàng.
　　＊踢足球：サッカーをする　　└ 他踢得不太好。
　　　　　　　　　　　　　　　　　 Tā tīde bú tài hǎo.

新装版 はじめての中国語学習辞典　相原 茂[編著]
B6変型判/776頁

- 見出し語1万1千
- 見やすい2色刷
- 辞書に「参考書」の要素をプラス
- 「発音マスター」WEB動画（サーバー）＆音声DLアプリ

1. すべての中国語にピンインローマ字つき。
2. 重要語は3ランクに分けマークで表示。
3. 文法コラム、語法コラムの充実。
4. すべての見出し単語に品詞名を明示。
5. 類義語を重視し、「目で見る類義語」の創設。
6. 「百科知識」で文化・習慣を分かりやすく解説。
7. コミュニケーションに役立つ表現Chips」。
8. 目で見る逆引き単語帳「逆引きウインドウズ」。
9. 中国のベテラン画家による豊富なイラスト。
10. 中国語学習に必要で便利な付録の充実。

中国語学習シソーラス辞典　相原 茂[編]
B6判/880頁

- 類義語グループをなす常用語を集めた初の中国語シソーラス辞典。
- 日本語インデックス1400余、中国語見出し語数は約11000語。
- すべての例文にピンイン、訳をつけ初級者からでも使える。
- スピーキングやライティングにおける類義語の正しい使い分けに。
- 仕事で中国語のメールや文章を書く機会が多い人にも最適。
- 語彙力の増強ができ、ボキャブラリービルディングにも有効。
- 巻末には検索の便を図り、全見出し語から引ける索引を用意。

中国語
類義語
辞典

相原茂 主編

30年の時を経て
完成!

日本初の
本格的
類義語
辞典

40名のスタッフ
500を超える項目

- 語彙的な言語と言われる中国語。
- マスターのカギは微妙な類義表現の使い分けにあり。
- 日本人学習者の立場にたった類義語を選択。
- 500を超える類義語セットを弁別,解説。
- 執筆スタッフ40名による本格的類義語辞典。
- すべての例文にピンイン,訳付。初級者からも使える!
- 中国語の教育・学習に必須の工具書の誕生!

実在・的確・確実
shízài díquè quèshí

実在 shízài 有确,确实。"他是一位~的好老师" という意味の「確実」に近い感じ,反対語は「虚虚」。
的确 díquè 〔书〕確かに。"我~不了解真相" (私は確かに真実を知らない) という意味。"~是这样" (確かにこの通りだ) のような肯定的表現。
确实 quèshí 確かに。"我~不知道这件事" (私は確かにこのことを知らない) のように事柄の正確さを示す。"~"の語気が強い。

1) 注末辞情などで「ですごく」なしやをつけられたいが,書記言語ではあまり用いられない。たとえば,"这件事是~的" (このことは本当のことだ) は日本語に通じやすい書き言葉である。"この後,書記言語として紹介する" (紹介する) の意味や,"情" では "情"。"实在" は "实在"。

2) 前の有無事物の実在性,真実,実状,事実などが "是~的" という用法がある。
"我的意见~是正确的" (私の意見は確かに正しい)

3) 動詞の前,または文末に現れる "确实" もある。
"这种办法确实不错" (この方法は確かになかなかよい)

朝日出版社 〒101-0065 東京都千代田区西神田3-3-5 URL: http://text.asahipress.com/chinese/
TEL: 03-3263-3321 FAX: 03-5226-9599

注文書				
	新装版 はじめての中国語学習辞典	定価(本体2800円+税) ISBN978-4-255-01223-0	注文数	冊
	中国語学習シソーラス辞典	定価(本体3800円+税) ISBN978-4-255-00993-3	注文数	冊
	中国語類義語辞典	定価(本体4500円+税) ISBN978-4-255-00841-7	注文数	冊
お名前				書店印
ご住所				
	TEL			

朝日出版社

必要事項をご記入のうえ,最寄りの書店へお申し込みください。

日本初の本格的類義語辞典

中国語類義語辞典

相原茂〈主編〉

中国語上達を目指すすべての人に!!

- ●A5判 ●816頁
- ●定価(本体4,500円+税)
- ISBN978-4-255-00841-7

日本語Index1400、中国語見出し11000語

学生、教師、研究者必携の辞典!

中国語学習シソーラス辞典

相原茂〈編〉

日本語から引ける最詳の類語使い分け辞典です

- ●B6判 ●880頁
- ●定価(本体3,800円+税)
- ISBN978-4-255-00993-3

(株)朝日出版社

4 使役文　主語＋"让"／"请"＋人＋動詞　「Aに～させる（してもらう）、Aに～するように言う」

"请"は"让"より丁寧な言い方である。

(1) 老师让我们写小论文。
Lǎoshī ràng wǒmen xiě xiǎolùnwén.　＊小论文：小論文

(2) 校长请学生家长来学校。
Xiàozhǎng qǐng xuésheng jiāzhǎng lái xuéxiào.　＊家长：保護者

(3) 医生不让我爸爸喝酒。
Yīshēng bú ràng wǒ bàba hē jiǔ.　……否定詞は"让"の前に置く。

(4) 你妈妈让你去留学吗？　→　我妈妈让我去。
Nǐ māma ràng nǐ qù liúxué ma?　　　Wǒ māma ràng wǒ qù.

　　　　　　　　　　　　　　　　　　我妈妈不让我去。
　　　　　　　　　　　　　　　　　　Wǒ māma bú ràng wǒ qù.

5 二重目的語　動詞＋目的語1（人）＋目的語2（事物）　「～は…に…をする」

人が前、人以外のものは後に置かれる。

(1) 中国朋友送我一个礼物。
Zhōngguó péngyou sòng wǒ yí ge lǐwù.　＊送：贈る

(2) 我告诉大家一个好消息。
Wǒ gàosu dàjiā yí ge hǎo xiāoxi.　＊消息：ニュース

(3) 她不告诉我她的手机号码。
Tā bú gàosu wǒ tā de shǒujī hàomǎ.　＊号码：番号

(4) 王老师教你们什么？　→　王老师教我们汉语。
Wáng lǎoshī jiāo nǐmen shénme?　　Wáng lǎoshī jiāo wǒmen Hànyǔ.
＊教：（知識や技術を）教える

Drill

1 中国語の発音を聞いて簡体字で書き取りましょう。

(1) .... (2) ....

(3) .... (4) ....

(5) .... (6) ....

(7) .... (8) ....

2 本文に基づいて質問に答えましょう。

(1) 玛丽看见铃木的时候说了什么？　＊看见：見える

　答

(2) 威廉是怎么介绍王媛的？

　答

(3) 铃木是什么时候学的汉语？

　答

(4) 铃木的汉语说得怎么样？

　答

3 下記の日本語の意味になるように、語句を並べ替えましょう。

(1) 日本で再会することができて、本当に嬉しいです。
〔 再会　能　高兴　在　我　日本　真　，　！ 〕

(2) 鈴木さんは語学の素質があるので、中国語を話すのがたいへん上手いです。
〔 天赋　铃木　汉语　语言　有　得　非常　说　棒　，　。 〕

(3) 先生は私に、みなさんへよいニュースを知らせるように言いました。
〔 大家　老师　消息　告诉　我　让　好　一个　。 〕

4 次の文を中国語に訳しましょう。

(1) はじめまして、どうぞよろしくお願いします。

(2) こちらは私たちの新しい友達です。

(3) 彼の中国語はたいへん流暢です。（様態補語を用いる）

(4) 私は大学に通っていたとき、少し中国語を学びました。

5 次の空欄を埋めて、日本語に訳してみましょう。

(1) 我们家总是（　　　　）看电视，（　　　　）吃晚饭。＊总是 zǒngshì：いつも

日本語訳

(2) 你的汉语说（　　　　）非常棒。真不简单！　→　（　　　　　　）。

日本語訳

(3) 妈妈（　　　　）我明天下（　　　　）课给她打电话。

＊打电话 dǎ diànhuà：電話をする

日本語訳

 暗唱できるように

次の中国語を暗唱してみましょう。

- 初次见面，请多关照。　　　　　Chūcì jiànmiàn, qǐng duō guānzhào.
- 好久不见，你还是那么帅啊。　　Hǎojiǔ bú jiàn, nǐ háishi nàme shuài a.
- 我介绍一下儿，这位是我们的新朋友。　Wǒ jièshào yíxiàr, zhè wèi shì wǒmen de xīn péngyou.
- 他一边工作，一边学汉语。　　　Tā yìbiān gōngzuò, yìbiān xué Hànyǔ.

第 4 课　让 爱子 去 旅行
Ràng àizǐ qù lǚxíng

Story

お話が深まり、深夜まで続いている。

19

铃木：刚才 你们 议论了 什么 问题?
　　　Gāngcái nǐmen yìlùnle shénme wèntí?

威廉：铃木，告诉 我 "读 万 卷 书，行 万 里 路" 的 意思 好 吗?
　　　Língmù, gàosu wǒ "Dú wàn juàn shū, xíng wàn lǐ lù" de yìsi hǎo ma?

铃木：我 觉得 这 是 说：只有 书本 上 的 知识 还 不 够。……
　　　Wǒ juéde zhè shì shuō: zhǐ yǒu shūběn shang de zhīshi hái bú gòu. ......

玛丽：对，还 要 亲眼 看看 外面 的 世界。
　　　Duì, hái yào qīnyǎn kànkan wàimiàn de shìjiè.

铃木：说得 好，我们 的 理解 是 一致 的。
　　　Shuōde hǎo, wǒmen de lǐjiě shì yízhì de.

威廉：日本 有 没有 相似 的 谚语 呢?
　　　Rìběn yǒu méiyǒu xiāngsì de yànyǔ ne?

铃木：日本人 说："让 爱子 去 旅行。"
　　　Rìběnrén shuō: "Ràng àizǐ qù lǚxíng."

玛丽：就是 说，要 让 爱子 出去 经 风雨，见 世面。
　　　Jiùshi shuō, yào ràng àizǐ chūqu jīng fēngyǔ, jiàn shìmiàn.

威廉：明白 了。现在 是 全球 社会，所以 更 应该 开阔 视野。
　　　Míngbai le. Xiànzài shì quánqiú shèhuì, suǒyǐ gèng yīnggāi kāikuò shìyě.

王媛：各 位，如果 我们 不 睡 一会儿，明天 就 会 没有 精神 的。
　　　Gè wèi, rúguǒ wǒmen bú shuì yíhuìr, míngtiān jiù huì méiyǒu jīngshen de.

Word

① 爱子 àizǐ 名 愛児、まな息子

② 刚才 gāngcái 名 さっき、さきほど

③ 议论 yìlùn 動 議論する、話題にする

④ 觉得 juéde 動 ～と感じる、～と思う

⑤ 只 zhǐ 副 ただ、～しかない

⑥ 书本 shūběn 名 書物

⑦ 够 gòu 動 足りる

⑧ 要 yào 助 ～しなければならない、～したい

⑨ 亲眼 qīnyǎn 副 自分の目で

⑩ 外面 wàimiàn 名 外、よそ

⑪ 相似 xiāngsì 形 似ている

⑫ 谚语 yànyǔ 名 諺（ことわざ）

⑬ 就是说 jiùshì shuō つまり、言い換えれば

⑭ 出去 chūqu 動 (外へ) 出る、出て行く

⑮ 经风雨，见世面 jīng fēngyǔ, jiàn shìmiàn 世間に出て経験を積む

⑯ 明白 míngbai 動 分かる

⑰ 全球社会 quánqiú shèhuì グローバル社会

⑱ 因为A，所以B yīnwèi A, suǒyǐ B Aなので、(だから) Bだ

⑲ 更 gèng 副 さらに、ますます

⑳ 应该 yīnggāi 助 ～すべきだ、～のはずだ

㉑ 开阔视野 kāikuò shìyě 視野を広める

㉒ 如果A，就B rúguǒ A, jiù B もしAならばBだ

㉓ 睡 shuì 動 寝る、眠る

㉔ 一会儿 yíhuìr 数量 しばらく

㉕ 会 huì 助 ～するであろう、～するはずだ

㉖ 精神 jīngshen 名・形 元気、元気である

Point

1 複文 "因为A，所以B" 「Aなので、(だから) Bだ」

"因为"、"所以" どちらか一方を省略することができる。

(1) 因为下大雨，所以飞机晚点了。
Yīnwèi xià dàyǔ, suǒyǐ fēijī wǎndiǎn le. ＊飞机：飛行機　＊晚点：延着する

(2) 昨天她感冒了，所以没来上课。
Zuótiān tā gǎnmào le, suǒyǐ méi lái shàngkè. ＊感冒：風邪をひく　＊上课：授業に出る

(3) 因为大家都饿了，先吃饭吧。
Yīnwèi dàjiā dōu è le, xiān chī fàn ba. ＊饿：腹がすく

(4) 因为电车晚点，所以我迟到了。
Yīnwèi diànchē wǎndiǎn, suǒyǐ wǒ chídào le. ＊迟到：遅刻する

Point

2 │ 助動詞 "要"　① 「～しなければならない、～する必要がある」
　　　　　　　　　② 強い願望「～したい」

否定の場合は普通、①は "不用" で、②は "不想" で表わす。

(1) 明天有考试，今晚我要复习。
　　Míngtiān yǒu kǎoshì, jīnwǎn wǒ yào fùxí.　　＊考试：試験（をする）

(2) 要不要休息一会儿?　→　不用休息。
　　Yào bu yào xiūxi yíhuìr?　　　Búyòng xiūxi.　＊不用：～する必要がない

(3) 我弟弟要买游戏机。
　　Wǒ dìdi yào mǎi yóuxìjī.

　　我弟弟想买游戏机。
　　Wǒ dìdi xiǎng mǎi yóuxìjī.

"要" は "想" より強い意志を表わす。

＊游戏机：ゲーム機

(4) 你要买新的电子词典吗?　→　我要买。
　　Nǐ yào mǎi xīn de diànzǐ cídiǎn ma?　　　Wǒ yào mǎi.
　　＊电子词典：電子辞書

　　　　　　　　　　　　　　　　　　　　　我不想买。
　　　　　　　　　　　　　　　　　　　　　Wǒ bù xiǎng mǎi.

3 │ 助動詞 "应该"　「～すべきだ、～のはずだ」

(1) 这是我应该做的。
　　Zhè shì wǒ yīnggāi zuò de.

(2) 你是学生，应该努力学习。
　　Nǐ shì xuésheng, yīnggāi nǔlì xuéxí.

(3) 我给妈妈邮寄的生日礼物应该到了。
　　Wǒ gěi māma yóujì de shēngrì lǐwù yīnggāi dào le.　　＊邮寄：郵送する

(4) 你不应该说这样的蠢话。
　　Nǐ bù yīnggāi shuō zhèyàng de chǔnhuà.　　＊蠢话：常識はずれの話

4 複文 "如果A（的话），就B"　「もしAならばBだ」

(1) 如果你去的话，我就去。
Rúguǒ nǐ qù de huà, wǒ jiù qù.

(2) 如果累了，就休息一下儿吧。
Rúguǒ lèi le, jiù xiūxi yíxiàr ba.　　＊累：疲れる

(3) 如果你便宜一点儿，我就买两个。
Rúguǒ nǐ piányi yìdiǎnr, wǒ jiù mǎi liǎng ge.　　＊便宜：安くする、（値段が）安い

(4) 如果不下雪的话，就开车去。
Rúguǒ bú xià xuě de huà, jiù kāichē qù.

5 助動詞 "会" (2)　「～するであろう、～するはずだ」

可能性を推測する。文末に"的"を加えると、その可能性が高いことを強調する。

(1) 公司会同意我们的提案吗？
Gōngsī huì tóngyì wǒmen de tí'àn ma?

(2) 王媛还没来吗？　→　老师，她一定会来的。
Wáng Yuán hái méi lái ma?　　Lǎoshī, tā yídìng huì lái de.

(3) 下午会下雨吗？　→　看这样子，会下的。
Xiàwǔ huì xià yǔ ma?　　Kàn zhè yàngzi, huì xià de.　　＊样子：様子、状況

　　　　　　　　　　　　不会下雨吧。
　　　　　　　　　　　　Bú huì xià yǔ ba.

(4) 那个人不会是欧洲人的。
Nàge rén bú huì shì Ōuzhōurén de.

Drill

🔊 24 **1** 中国語の発音を聞いて簡体字で書き取りましょう。

(1) _____ (2) _____

(3) _____ (4) _____

(5) _____ (6) _____

(7) _____ (8) _____

2 本文に基づいて質問に答えましょう。

(1) 威廉请铃木告诉他什么？

答 _____

(2) 铃木是怎么说的？

答 _____

(3) 威廉说在全球社会应该怎么做？

答 _____

(4) 最后王媛说了什么？　＊最后 zuìhòu

答 _____

3 下記の日本語の意味になるように、語句を並べ替えましょう。

(1) 私たちの理解は同じだと思います。
〔 我们　我　理解　觉得　一致　的　的　是　。〕

_____

(2) 母が私に郵送した誕生日のプレゼントは届いたはずです。
〔 生日　应该　礼物　妈妈　邮寄　我　的　到了　给　。〕

_____

(3) 大雨だったので、飛行機が遅れました。
〔 所以　因为　飞机　大雨　晚点　下　了　，　。〕

_____

4 次の文を中国語に訳しましょう。

(1) 私は自分の目で外の世界を見てみたいです。

(2) 日本人は「可愛い子には旅をさせよ」と言います。

(3) 先程どんな問題を話題にされましたか。

(4) 日本に似ている諺（ことわざ）がありますか。

5 次の空欄を埋めて、日本語に訳してみましょう。

(1) 你（　　　　）我"读万卷书，行万里路"的意思好（　　　　）？

日本語訳

(2) 现在是全球社会，（　　　　）我们更（　　　　）开阔视野。

日本語訳

(3) （　　　　）我们不睡一会儿，明天（　　　　）会没有精神的。

日本語訳

次の中国語を暗唱してみましょう。

・我觉得这是说：只有书本上的知识还不够。
　　　　　　　　　Wǒ juéde zhè shì shuō: zhǐyǒu shūběn shang de zhīshi hái bú gòu.

・说得好，我们的理解是一致的。　　Shuōde hǎo, wǒmen de lǐjiě shì yízhì de.

・日本人说："让爱子去旅行。"　　Rìběnrén shuō: "Ràng àizǐ qù lǚxíng."

・就是说，要让爱子出去经风雨，见世面。
　　　　　　　　　Jiùshi shuō, yào ràng àizǐ chūqu jīng fēngyǔ, jiàn shìmiàn.

第 5 课 外国人 都 喜欢 吃
Wàiguórén dōu xǐhuan chī

Story　翌朝、民宿で。　　　　　　　　　　　　　25

铃木：今天 我 给 大家 当 导游，到 各处 逛逛。
　　　Jīntiān wǒ gěi dàjiā dāng dǎoyóu, dào gèchù guàngguang.

玛丽：太 好 了！先 去 浅草寺，然后 去 晴空塔，怎么样？
　　　Tài hǎo le! Xiān qù Qiǎncǎosì, ránhòu qù Qíngkōngtǎ, zěnmeyàng?

铃木：好 是 好，不过 可能 买不到 门票。
　　　Hǎo shì hǎo, búguò kěnéng mǎibudào ménpiào.

玛丽：不管 买得到 买不到，我们 都 去 看看 吧。
　　　Bùguǎn mǎidedào mǎibudào, wǒmen dōu qù kànkan ba.

铃木：好 的。中午 我 带 你们 去 吃 美食。
　　　Hǎo de. Zhōngwǔ wǒ dài nǐmen qù chī měishí.

威廉：我 最 想 吃 寿司，还有 章鱼 小丸子。
　　　Wǒ zuì xiǎng chī shòusī, háiyǒu zhāngyú xiǎowánzi.

王媛：不 想 吃 拉面 吗？听说 外国人 都 喜欢 吃。
　　　Bù xiǎng chī lāmiàn ma? Tīngshuō wàiguórén dōu xǐhuan chī.

威廉：都 尝尝 吧。不过 要 去 便宜 一点儿 的 地方。
　　　Dōu chángchang ba. Búguò yào qù piányi yìdiǎnr de dìfang.

玛丽：对，我们 都 是 穷 学生，没有 那么 多 钱。
　　　Duì, wǒmen dōu shì qióng xuésheng, méiyǒu nàme duō qián.

铃木：放心 吧，我 一定 带 你们 去 既 便宜，又 好吃 的 地方。
　　　Fàngxīn ba, wǒ yídìng dài nǐmen qù jì piányi, yòu hǎochī de dìfang.

Word

① 喜欢 xǐhuan 動 好きである

② 当 dāng 動 〜になる

③ 导游 dǎoyóu 名・動 案内人、観光旅行の案内をする

④ 各处 gèchù 代 あちらこちら、各所

⑤ 逛 guàng 動 ぶらぶらする、見物する

⑥ 先A，然后B xiān A, ránhòu B 先ずAして，それからBする

⑦ 晴空塔 Qíngkōngtǎ 名 スカイツリー

⑧ 怎么样 zěnmeyàng 代 どうですか

⑨ A是A，不过B A shì A, búguò B Aであることはだが、しかしBだ

⑩ 可能 kěnéng 副 〜かもしれない

⑪ 买不到 mǎibudào 買えない、手に入らない

⑫ 门票 ménpiào 名 入場券

⑬ 不管A，都B bùguǎn A, dōu B 〜であろうと（にかかわらず）…する

⑭ 中午 zhōngwǔ 名 昼

⑮ 带 dài 動 連れる、携帯する

⑯ 美食 měishí 名 おいしい食べ物

⑰ 章鱼小丸子 zhāngyú xiǎowánzi 名 たこ焼き

⑱ 拉面 lāmiàn 名 （日本式）ラーメン

⑲ 听说 tīngshuō 動 （挿入句として）聞くところによると〜だそうだ

⑳ 尝 cháng 動 味わう、味をみる

㉑ 穷 qióng 形 貧しい、貧乏である

㉒ 放心 fàngxīn 動 安心する

㉓ 一定 yídìng 副 必ず、きっと

㉔ 既A，又B jì A, yòu B Aでもあれば，Bでもある、Aの上にBだ

Point

1 複文 "先A，然后B" 「先ずAして，それからBする」

(1) 我们先去北京，然后去上海。
Wǒmen xiān qù Běijīng, ránhòu qù Shànghǎi.

(2) 爸爸先洗澡，然后吃晚饭。
Bàba xiān xǐzǎo, ránhòu chī wǎnfàn.　　＊洗澡：入浴する

(3) 你应该先吃蔬菜，然后吃米饭。
Nǐ yīnggāi xiān chī shūcài, ránhòu chī mǐfàn.　　＊蔬菜：野菜

(4) 他们先去欧洲，然后到亚洲考察。
Tāmen xiān qù Ōuzhōu, ránhòu dào Yàzhōu kǎochá.　　＊亚洲：アジア

Point

28 ▶ 2 　複文"A 是 A，不过 B"　「AであることはAだが、しかしBだ」

"不过"のほかに"但是""可是"などを用いてもよい。

(1) 这东西好是好，不过太贵了。
　　Zhè dōngxi hǎo shì hǎo, búguò tài guì le.　　＊东西：物、品物　　＊贵：(値段が) 高い

(2) 我想去是想去，可是我没有钱。
　　Wǒ xiǎng qù shì xiǎng qù, kěshì wǒ méiyǒu qián.

(3) 他说的对是对，但是我不想那样做。
　　Tā shuō de duì shì duì, dànshì wǒ bù xiǎng nàyàng zuò.　　＊那样：あのように、そのように

(4) 中国菜好吃是好吃，不过很油腻。
　　Zhōngguócài hǎochī shì hǎochī, búguò hěn yóunì.　　＊油腻：脂っこい

▶ 3 　可能補語　動詞＋得(不)＋結果補語(方向補語)　「～することができる(できない)、～しきれる(しきれない)」

可能補語は、ある動作の実現が可能か、不可能かを表わす。

(1) 门票还买得到吗？
　　Ménpiào hái mǎidedào ma?

(2) 这件衣服真贵，我买不起。
　　Zhè jiàn yīfu zhēn guì, wǒ mǎibuqǐ.　　＊买不起：買えない

(3) 外面下暴雨，我们出不去。
　　Wàimiàn xià bàoyǔ, wǒmen chūbuqù.　　＊暴雨：暴雨、豪雨

(4) 你们那里吃得到日本料理吗？　→　吃得到，我经常吃。
　　Nǐmen nàli chīdedào Rìběn liàolǐ ma?　　　　Chīdedào, wǒ jīngcháng chī.
　　　　　　　　　　　　　　　　　　　　　　　吃不到。
　　　　　　　　　　　　　　　　　　　　　　　Chībudào.

4 複文"不管A，都B"　「〜であろうと（にかかわらず）…する」

(1) 不管贵不贵，都买。
　　Bùguǎn guì bu guì, dōu mǎi.

(2) 不管我怎么恳求，妈妈都不同意。
　　Bùguǎn wǒ zěnme kěnqiú, māma dōu bù tóngyì.　＊恳求：懇願する、お願いする

(3) 不管有什么困难，我们都不怕。
　　Bùguǎn yǒu shénme kùnnan, wǒmen dōu bú pà.　＊不怕：恐れない、怖がらない

(4) 不管下雨不下雨都去吗？　→　｛ 对，一定去。
　　Bùguǎn xià yǔ bú xià yǔ dōu qù ma?　　　　Duì, yídìng qù.

　　　　　　　　　　　　　　　　　　　　　 不，也可能不去。
　　　　　　　　　　　　　　　　　　　　　 Bù, yě kěnéng bú qù.

5 複文"既A，又B"　「AでもあればBでもある、Aの上にBだ」

(1) 他既是歌手，又是画家。
　　Tā jì shì gēshǒu, yòu shì huàjiā.

(2) 我们既学英语又学汉语。
　　Wǒmen jì xué Yīngyǔ yòu xué Hànyǔ.

(3) 坐地铁去既快又准时。
　　Zuò dìtiě qù jì kuài yòu zhǔnshí.　＊准时：定刻である

(4) 这里的中国菜既好吃，又便宜。
　　Zhèli de Zhōngguócài jì hǎochī, yòu piányi.

Drill

1 中国語の発音を聞いて簡体字で書き取りましょう。

(1) _____ (2) _____

(3) _____ (4) _____

(5) _____ (6) _____

(7) _____ (8) _____

2 本文に基づいて質問に答えましょう。

(1) 谁给大家当导游？

　答 _____

(2) 晴空塔的门票买得到吗？

　答 _____

(3) 威廉最想吃什么？

　答 _____

(4) 听说外国人都喜欢吃什么？

　答 _____

3 下記の日本語の意味になるように、語句を並べ替えましょう。

(1) 私たちはまず浅草寺に行って、それからスカイツリーに行く予定です。
　〔 打算　晴空塔　浅草寺　我们　去　去　然后　先　，　。〕

　_____

(2) 雨が降るか降らないかにかかわらず、私たちは行きます。
　〔 下雨　下雨　不　不管　去　我们　都　，　。〕

　_____

(3) 私は必ずみなさんを安くて美味しいところに連れて行きます。
　〔 好吃　便宜　大家　我　地方　一定　既　带　去　又　的　，　。〕

　_____

4 次の文を中国語に訳しましょう。

(1) 今日はみなさんを案内いたします。

(2) 私たちは少し値段の安いところに行きたいです。

(3) 私が一番食べたいのはラーメンです。

(4) 私たちは英語も話せるし、中国語も話せます。

5 次の空欄を埋めて、日本語に訳してみましょう。

(1) 好（　　　　）好，不过门票可能买（　　　　）到。

日本語訳

(2) （　　　　）好吃不好吃，我们（　　　　）尝尝吧。

日本語訳

(3) 这件衣服我喜欢是喜欢，（　　　　）太贵了，我（　　　　）。

日本語訳

次の中国語を暗唱してみましょう。

- 今天我给大家当导游。　　　Jīntiān wǒ gěi dàjiā dāng dǎoyóu.
- 中午我带你们去吃美食。　　Zhōngwǔ wǒ dài nǐmen qù chī měishí.
- 我最想吃寿司，还有章鱼小丸子。　Wǒ zuì xiǎng chī shòusī, háiyǒu zhāngyú xiǎowánzi.
- 我们都是穷学生，没有那么多钱。　Wǒmen dōu shì qióng xuésheng, méiyǒu nàme duō qián.

第 6 课　今天 我 请客
Jīntiān　wǒ　qǐngkè

Story　東京のあるレストランで。　🔊 31

玛丽：今天 玩儿得 真 开心。铃木，谢谢 你！
　　　Jīntiān wánrde zhēn kāixīn. Língmù, xièxie nǐ!

铃木：我们 是 老 朋友，不用 客气。
　　　Wǒmen shì lǎo péngyou, búyòng kèqi.

王媛：哇，这里 不但 有 英文 菜单，而且 还 有 中文 菜单。
　　　Wā, zhèli búdàn yǒu Yīngwén càidān, érqiě hái yǒu Zhōngwén càidān.

威廉：你们 看，还 可以 提供 汉语 服务。真 棒 啊！
　　　Nǐmen kàn, hái kěyǐ tígōng Hànyǔ fúwù. Zhēn bàng a!

铃木：朋友们，今天 我 请客，大家 点菜 吧。
　　　Péngyoumen, jīntiān wǒ qǐngkè, dàjiā diǎncài ba.

玛丽：不行，不行。要么 AA制，要么 我们 请 你。
　　　Bùxíng, bùxíng. Yàome AAzhì, yàome wǒmen qǐng nǐ.

王媛：我 提议 每 人 点 一 个 菜，费用 分摊。
　　　Wǒ tíyì měi rén diǎn yí ge cài, fèiyòng fēntān.

威廉：这个 办法 不错。女士 优先，玛丽 和 媛媛 先 点菜 吧。
　　　Zhège bànfǎ búcuò. Nǚshì yōuxiān, Mǎlì hé Yuányuan xiān diǎncài ba.

玛丽：那，要 一 杯 啤酒，一 个 生鱼片，一 份儿 炒饭。再……
　　　Nà, yào yì bēi píjiǔ, yí ge shēngyúpiàn, yí fènr chǎofàn. Zài……

威廉：玛丽，你 点 几 个 了？你 一定 是 饿坏 了。
　　　Mǎlì, nǐ diǎn jǐ ge le? Nǐ yídìng shì èhuài le.

Word

① 请客 qǐngkè 動 おごる、招待する
② 玩儿 wánr 動 遊ぶ
③ 开心 kāixīn 形 楽しい、愉快である
④ 客气 kèqi 動 遠慮する
⑤ 不但A，而且B búdàn A, érqiě B　Aだけでなく、Bまでも
⑥ 菜单 càidān 名 メニュー
⑦ 服务 fúwù 名・動 サービス（する）
⑧ 点菜 diǎncài 動 料理を注文する
⑨ 不行 bùxíng 動 いけない、だめだ
⑩ 要么A，要么B yàome A, yàome B　Aするか、またはBする
⑪ AA制 AAzhì 動 割り勘にする
⑫ 提议 tíyì 名・動 提議（する）、提案（する）

⑬ 每人 měi rén ひとりごとに
⑭ 分摊 fēntān 動 （費用を）分担する、割り勘にする
⑮ 办法 bànfǎ 名 方法、やり方
⑯ 不错 búcuò 形 悪くない、素晴らしい
⑰ 要 yào 動 ください、もらう、ほしい
⑱ 生鱼片 shēngyúpiàn 名 刺身
⑲ 啤酒 píjiǔ 名 ビール
⑳ 一份儿 yí fènr 一人前
㉑ 炒饭 chǎofàn 名 チャーハン
㉒ 再 zài 副 （〜して）それから、再び
㉓ 了 le 助 〜になった、〜した
㉔ 饿坏 è huài ひどく腹がすく

Point

 1 複文"不但A，而且B"　「Aだけでなく、Bまでも（その上Bも）」

(1) 这里不但气候好，而且生活很方便。
　　Zhèli búdàn qìhòu hǎo, érqiě shēnghuó hěn fāngbiàn.　＊方便：便利である

(2) 他不但喜欢音乐，而且喜欢画画儿。
　　Tā búdàn xǐhuan yīnyuè, érqiě xǐhuan huà huàr.　＊画画儿：絵を描く

(3) 他们不但卖食品，而且卖化妆品。
　　Tāmen búdàn mài shípǐn, érqiě mài huàzhuāngpǐn.　＊化妆品：化粧品

(4) 我们不但去纽约，而且还去伦敦。
　　Wǒmen búdàn qù Niǔyuē, érqiě hái qù Lúndūn.　＊纽约：ニューヨーク　＊伦敦：ロンドン

Point

🔊 34 ▶ 2 複文 "要么A，要么B"　「AするかまたはBする」

(1) 我们要么打的，要么坐地铁。
Wǒmen yàome dǎdī, yàome zuò dìtiě.　　＊打的：タクシーを拾う

(2) 要么你去，要么我去。　→　一起去吧。
Yàome nǐ qù, yàome wǒ qù.　　Yìqǐ qù ba.　　＊一起：いっしょに

(3) 要么吃饺子，要么吃小笼包。　→　都不错。
Yàome chī jiǎozi, yàome chī xiǎolóngbāo.　　Dōu búcuò.

(4) 我们要么去看电影，要么在家看录像。
Wǒmen yàome qù kàn diànyǐng, yàome zài jiā kàn lùxiàng.　　＊录像：ビデオ

▶ 3 "提议"の使い方　「提議（する）、提案（する）」

(1) 你的提议非常好，公司打算采用。
Nǐ de tíyì fēicháng hǎo, gōngsī dǎsuan cǎiyòng.　　＊采用：採用する

(2) 我提议为我们的友谊干杯！
Wǒ tíyì wèi wǒmen de yǒuyì gānbēi!　　＊为：～ために

(3) 大家都提议明年的公司旅游去巴黎。
Dàjiā dōu tíyì míngnián de gōngsī lǚyóu qù Bālí.　　＊巴黎：パリ

(4) 你们有什么提议吗？　→　我有一个，不知道行不行。
Nǐmen yǒu shénme tíyì ma?　　Wǒ yǒu yí ge, bù zhīdào xíng bu xíng.
　　　　　　　　　　　　　　　＊行：よろしい、大丈夫だ

　　　　　　　　　　　　　　　我没有什么提议。
　　　　　　　　　　　　　　　Wǒ méiyǒu shénme tíyì.

4 | 語気助詞 "了" 「〜になった、〜した」

文末に置かれる語気助詞 "了" は、主に情況や事態の変化を表わすが、ある事柄が既に実現したことや動作の完了を表わすこともできる。

(1) 春天来了。
　　Chūntiān lái le.

(2) 他儿子已经是大学生了。
　　Tā érzi yǐjīng shì dàxuéshēng le.　　＊儿子：息子　＊已经：すでに、もう

(3) 我爸爸去上班了。
　　Wǒ bàba qù shàngbān le.　　＊上班：出勤する

(4) 你多大了？　➡　我二十岁了。
　　Nǐ duō dà le?　　Wǒ èrshí suì le.　　＊多大：いくつか

5 | 結果補語 動詞＋結果補語＋（目的語）

結果補語は動作や変化によって生じた結果を表わす。否定文は "没（有）" を用いる。

(1) 我们都写完了报告。
　　Wǒmen dōu xiěwánle bàogào.　　＊报告：レポート

(2) 老师说的汉语我听懂了。
　　Lǎoshī shuō de Hànyǔ wǒ tīngdǒng le.　　＊懂：分かる

(3) 对不起，单人房都住满了。
　　Duìbuqǐ, dānrénfáng dōu zhùmǎn le.　　＊单人房：シングルルーム　＊住满：満室になる

(4) 大家吃得怎么样了？　➡　我吃饱了。（お腹いっぱいになりました。）
　　Dàjiā chīde zěnmeyàng le?　　　　　　Wǒ chībǎo le.

　　　　　　　　　　　　　　　　　　　　我吃好了。（十分頂きました。）
　　　　　　　　　　　　　　　　　　　　Wǒ chīhǎo le.

　　　　　　　　　　　　　　　　　　　　他还没吃饱。（彼はまだ満腹になっていません。）
　　　　　　　　　　　　　　　　　　　　Tā hái méi chībǎo.

Drill

🔊 36 **1** 中国語の発音を聞いて簡体字で書き取りましょう。

(1) _____ (2) _____

(3) _____ (4) _____

(5) _____ (6) _____

(7) _____ (8) _____

2 本文に基づいて質問に答えましょう。

(1) 玛丽他们玩儿得怎么样？

   答 _____

(2) 铃木要请客，玛丽同意吗？

   答 _____

(3) 王媛的提议是什么？

   答 _____

(4) 玛丽点了什么菜？

   答 _____

3 下記の日本語の意味になるように、語句を並べ替えましょう。

(1) こちらには英語のメニューだけでなく、さらに中国語のメニューもあります。
   〔 英文　中文　菜单　菜单　还　有　有　这里　不但　而且　，　。〕

   _____

(2) 私は一人一品ずつ料理を注文し、割り勘することを提案します。
   〔 费用　我　每人　提议　菜　点　分摊　一个　，　。〕

   _____

(3) 私たちは野球観戦しに行くか、またはサッカー観戦しに行くか、どれがいいですか。
   〔 要么　要么　我们　棒球赛　足球赛　好　看　看　去　去　哪个　，　，　？〕

   ＊～赛 sài：～試合

   _____

4 次の文を中国語に訳しましょう。

(1) この方法はいいですね。

(2) 今日は本当に楽しく遊べました。（様態補語を用いる）

(3) われわれの友情のために乾杯したいと思います。（"提议"を用いる）

(4) 私たちは古い友達なので、遠慮する必要がありません。

5 次の空欄を埋めて、日本語に訳してみましょう。

(1) 这家餐厅（　　　　）有中文菜单，（　　　　）可以提供汉语服务。

＊餐厅 cānting：レストラン

日本語訳

(2) 我（　　　　）一杯啤酒，一个生鱼片，一（　　　　）炒饭。

日本語訳

(3) （　　　　），不行。要么AA制，（　　　　）我们请你。

日本語訳

暗唱できるように

次の中国語を暗唱してみましょう。

- 今天我们玩儿得真开心。　　　Jīntiān wǒmen wánrde zhēn kāixīn.
- 我们是老朋友，不用客气。　　Wǒmen shì lǎo péngyou, búyòng kèqi.
- 这个办法不错。我赞成！　　　Zhège bànfǎ búcuò. Wǒ zànchéng!
- 我要一杯啤酒，一个生鱼片，一份儿炒饭。
　　　　　　　　　　　　　　Wǒ yào yì bēi píjiǔ, yí ge shēngyúpiàn, yí fènr chǎofàn.

第 7 课　我们 的 梦想
Wǒmen de mèngxiǎng

Story　公園の芝生に座り、彼らは熱く夢を語っている。　🔊 37

铃木：媛媛，你 学 的 是 观光学，将来 的 梦想 是 什么？
　　　Yuányuan, nǐ xué de shì guānguāngxué, jiānglái de mèngxiǎng shì shénme?

王媛：我 想 在 宾馆 当 大堂 经理，接待 世界 宾客。
　　　Wǒ xiǎng zài bīnguǎn dāng dàtáng jīnglǐ, jiēdài shìjiè bīnkè.

威廉：等 我们 有 了 钱，到 你 工作 的 宾馆 住宿。
　　　Děng wǒmen yǒule qián, dào nǐ gōngzuò de bīnguǎn zhùsù.

王媛：那 我 一定 给 大家 提供 一流 的 服务 和 最 便宜 的 价格。
　　　Nà wǒ yídìng gěi dàjiā tígōng yīliú de fúwù hé zuì piányi de jiàgé.

铃木：玛丽，作为 美国 女性，你 谈谈。
　　　Mǎlì, zuòwéi Měiguó nǚxìng, nǐ tántan.

玛丽：还 没 想好。我 想 当 翻译，又 觉得 汉语 教师 也 不错。
　　　Hái méi xiǎnghǎo. Wǒ xiǎng dāng fānyì, yòu juéde Hànyǔ jiàoshī yě búcuò.

威廉：玛丽 的 汉语 水平 特 高，做 哪个 工作 都 胜任。
　　　Mǎlì de Hànyǔ shuǐpíng tè gāo, zuò nǎge gōngzuò dōu shèngrèn.

王媛：威廉，你 别 光 听着，你 也 说说 嘛。
　　　Wēilián, nǐ bié guāng tīngzhe, nǐ yě shuōshuo ma.

威廉：我 虽然 学 的 是 汉语，但是 我 的 梦想 是 当 老板。
　　　Wǒ suīrán xué de shì Hànyǔ, dànshì wǒ de mèngxiǎng shì dāng lǎobǎn.

王媛：你 的 目标 好 远大 啊。威廉，加油！
　　　Nǐ de mùbiāo hǎo yuǎndà a. Wēilián, jiāyóu!

Word

1. 梦想 mèngxiǎng 名 （渇望する）夢
2. 宾馆 bīnguǎn 名 （高級な）ホテル（一般庶民向けのホテルは"旅馆""旅店"といった言葉がある）
3. 大堂经理 dàtáng jīnglǐ 名 （ホテルの）ロビーマネージャー
4. 接待 jiēdài 動 接待する、もてなす
5. 宾客 bīnkè 名 来客、来賓
6. 住宿 zhùsù 動 宿泊する、泊まる
7. 价格 jiàgé 名 価格、値段
8. 作为 zuòwéi 介 ～として
9. 还没想好 hái méi xiǎnghǎo まだよく考えていない、決めていない
10. 翻译 fānyì 名・動 翻訳（する）、通訳（する）
11. 又 yòu 副 また
12. 特 tè 副 すごく、とても
13. 胜任 shèngrèn 動 任に堪える、適任だ
14. 别 bié 副 ～するな、～しないで
15. 光 guāng 副 ただ、だけ
16. 着 zhe 助 ～している、してある
17. 嘛 ma 助 すすめや阻止などを表わす
18. 虽然 A，但是 B suīrán A, dànshì B　Aではあるけれども，Bだ
19. 老板 lǎobǎn 名 （主に個人経営の）店や会社の店主、経営者、ボスを指す
20. 好 hǎo 副 すごく、本当に
21. 远大 yuǎndà 形 遠大である
22. 目标 mùbiāo 名 目標
23. 加油 jiāyóu 動 頑張る

Point

1 介詞"作为～"　「～として」

(1) 作为学生，应该遵守学校的规则。
　　 Zuòwéi xuésheng, yīnggāi zūnshǒu xuéxiào de guīzé.

(2) 我作为你的好朋友，全力支持你。
　　 Wǒ zuòwéi nǐ de hǎo péngyou, quánlì zhīchí nǐ.　　＊支持：支持する、応援する

(3) 作为留学生代表，他参加了新年招待会。
　　 Zuòwéi liúxuéshēng dàibiǎo, tā cānjiāle xīnnián zhāodàihuì.　　＊招待会：招待会、レセプション

(4) 作为爱好，我开始学习瑜珈。
　　 Zuòwéi àihào, wǒ kāishǐ xuéxí yújiā.　　＊爱好：趣味　＊瑜珈：ヨガ

2 "想好了"と"还没想好" 「ちゃんと考えた（決めた）」「まだよく考えていない（分からない、決めていない）」

(1) 我想好了，毕业后自己办公司。
Wǒ xiǎnghǎo le, bìyè hòu zìjǐ bàn gōngsī. ＊办：創設する、作る

(2) 你一定要想好了再发表意见。
Nǐ yídìng yào xiǎnghǎole zài fābiǎo yìjiàn.

(3) 这个问题，我还没想好。
Zhège wèntí, wǒ hái méi xiǎnghǎo.

(4) 到底怎么办，你想好了吗？　→　放心吧，想好了。
Dàodǐ zěnme bàn, nǐ xiǎnghǎole ma?　　　Fàngxīn ba, xiǎnghǎo le.

＊到底：いったい　＊怎么办：どうするか

想是想了，不过还没想好。
Xiǎng shì xiǎng le, búguò hái méi xiǎnghǎo.

3 禁止を表わす"别"と"不要" 「〜するな、〜しないで」

(1) 大家别担心，他不会有危险的。
Dàjiā bié dānxīn, tā bú huì yǒu wēixiǎn de.　＊担心：心配する

(2) 上课的时候不要睡觉。
Shàngkè de shíhou búyào shuìjiào.

(3) 同学们别忘了今天的作业。
Tóngxuémen bié wàngle jīntiān de zuòyè.　＊忘：忘れる　＊作业：宿題

(4) 你身体不舒服，就别去打工了。
Nǐ shēntǐ bù shūfu, jiù bié qù dǎgōng le.

4 動態助詞"着"　　主語＋動詞＋"着"＋（目的語）　「〜している、してある」

"着"は動作や状態の持続、方式を表わす。否定文は"没（有）"を用いる。

(1) 今天她穿着一件旗袍。
　　Jīntiān tā chuānzhe yí jiàn qípáo.　　＊穿旗袍：チャイナドレスを着る

(2) 我爸爸每天走着去上班。
　　Wǒ bàba měitiān zǒuzhe qù shàngbān.

(3) 老师站着，学生们坐着。
　　Lǎoshī zhànzhe, xuéshengmen zuòzhe.　　＊站：立つ　　＊坐：座る

(4) 教室的电灯开着吗？　　→　　教室的电灯开着。
　　Jiàoshì de diàndēng kāizhe ma?　　　　Jiàoshì de diàndēng kāizhe.
　　＊电灯：電灯、電気
　　　　　　　　　　　　　　　　　　　　教室的电灯没开着。
　　　　　　　　　　　　　　　　　　　　Jiàoshì de diàndēng méi kāizhe.

5 複文"虽然A，但是B"　「AではあるけれどもBだ」

"但是"の他に"可是"なども用いることができる。

(1) 我很想周游世界，但是没有那么多钱。
　　Wǒ hěn xiǎng zhōuyóu shìjiè, dànshì méiyǒu nàme duō qián.　　＊周游世界：世界を1周する

(2) 她虽然很有钱，可是非常吝啬。
　　Tā suīrán hěn yǒu qián, kěshì fēicháng lìnsè.　　＊吝啬：けちけちしている

(3) 虽然已经立秋了，可是天气还非常热。
　　Suīrán yǐjīng lìqiū le, kěshì tiānqì hái fēicháng rè.　　＊热：暑い

(4) 虽然他做了最大的努力，但是没能获得金牌。
　　Suīrán tā zuòle zuìdà de nǔlì, dànshì méi néng huòdé jīnpái.　　＊金牌：金メダル

Drill

1 中国語の発音を聞いて簡体字で書き取りましょう。

(1) .... (2) ....
(3) .... (4) ....
(5) .... (6) ....
(7) .... (8) ....

2 本文に基づいて質問に答えましょう。

(1) 王媛的梦想是什么？
　　答

(2) 玛丽将来想做什么工作？
　　答

(3) 玛丽的汉语水平怎么样？
　　答

(4) 威廉将来想当什么？
　　答

3 下記の日本語の意味になるように、語句を並べ替えましょう。

(1) 私は必ずみなさんに一流のサービスと最安値を提供します。
　　〔 我　大家　服务　价格　的　的　一定　一流　最便宜　提供　和　给　。〕

(2) 聴いてばかりいないで、あなたも夢を語ってみてください。
　　〔 谈谈　别　梦想　着　光　也　吧　听　你　，　。〕

(3) 家の灯りが付いているが、誰もいません。
　　〔 可是　电灯　家里　家　的　着　在　不　谁　开　也　，　。〕

4 次の文を中国語に訳しましょう。

(1) あなたの目標はすごく遠大ですね。

(2) 女性として、あなたの夢を語ってください。

(3) 私はボスになりたいです。

(4) 私は世界の来客をもてなす仕事をしたいと思います。

達成度を総合チェック

5 次の空欄を埋めて、日本語に訳してみましょう。

(1) (　　　　) 他们做了最大的努力，(　　　　) 没能成功。　＊成功 chénggōng

日本語訳

(2) 我想 (　　　　) 了，毕业后自己办公司。但是我的好朋友还 (　　　　) 想好。

日本語訳

(3) 大家 (　　　　) 担心，如果开车去有危险的话，我们 (　　　　) 坐火车去。
＊火车 huǒchē：汽車

日本語訳

暗唱できるように

自身のことを書き入れ、さらに暗唱しましょう。

・你的梦想是什么？　　　　　　　Nǐ de mèngxiǎng shì shénme?
・我的梦想是当_____。　　　　Wǒ de mèngxiǎng shì dāng _____.
・我们一起加油吧！　　　　　　　Wǒmen yìqǐ jiāyóu ba!
・作为女性（男性），请谈谈你的梦想。　Zuòwéi nǚxìng (nánxìng), qǐng tántan nǐ de mèngxiǎng.

第 8 课　有一个愿望
Yǒu yí ge yuànwàng

Story　ウィリアムとマリーの願い。　🔊 43

威廉：铃木，我有一个愿望，不知道能不能实现。
　　　Língmù, wǒ yǒu yí ge yuànwàng, bù zhīdào néng bu néng shíxiàn.

铃木：我能帮忙的，一定尽力。
　　　Wǒ néng bāngmáng de, yídìng jìnlì.

威廉：我想参加东京马拉松，手续好办吗?
　　　Wǒ xiǎng cānjiā Dōngjīng mǎlāsōng, shǒuxù hǎo bàn ma?

铃木：据说很简单。只要报名，交参加费就可以。
　　　Jùshuō hěn jiǎndān. Zhǐyào bàomíng, jiāo cānjiā fèi jiù kěyǐ.

玛丽：其实，我们还有一个共同的愿望。
　　　Qíshí, wǒmen hái yǒu yí ge gòngtóng de yuànwàng.

铃木：说出来让大家听听吧。
　　　Shuōchūlai ràng dàjiā tīngting ba.

玛丽：下次来日本，不仅观光，还想参加志愿者活动。
　　　Xià cì lái Rìběn, bùjǐn guānguāng, hái xiǎng cānjiā zhìyuànzhě huódòng.

威廉：我们想通过这样的活动，了解更多的日本社会。
　　　Wǒmen xiǎng tōngguò zhèyàng de huódòng, liǎojiě gèng duō de Rìběn shèhuì.

铃木：这种活动我不太清楚，我帮你们打听一下儿吧。
　　　Zhè zhǒng huódòng wǒ bú tài qīngchu, wǒ bāng nǐmen dǎtīng yíxiàr ba.

玛丽：好的，到时候还要拜托你给我们订便宜的旅店。
　　　Hǎo de, dào shíhou hái yào bàituō nǐ gěi wǒmen dìng piányi de lǚdiàn.

Word

1. 愿望 yuànwàng 〖名〗願望、願い
2. 帮忙 bāngmáng 〖動〗手伝う、助ける
3. 尽力 jìnlì 〖動〗力を尽くす
4. 马拉松 mǎlāsōng 〖名〗マラソン
5. 手续 shǒuxù 〖名〗手続き
6. 好办 hǎo bàn　やりやすい
7. 据说 jùshuō 〖動〗聞くところによれば〜だそうだ
8. 只要 A，就 B zhǐyào A, jiù B　Aさえすれば（Aでさえあれば）Bだ
9. 报名 bàomíng 〖動〗申し込む、応募する
10. 交 jiāo 〖動〗払う、提出する
11. 其实 qíshí 〖副〗実は、実のところ
12. 共同 gòngtóng 〖形〗共通の
13. 〜出来 chūlai　（複合方向補語）〜出てくる、〜出す
14. 下次 xià cì　この次、次回
15. 不仅 A，还 B bùjǐn A, hái B　Aだけでなく、Bも〜
16. 志愿者活动 zhìyuànzhě huódòng　ボランティア活動
17. 通过 tōngguò 〖介〗〜を通じて、〜によって
18. 了解 liǎojiě 〖動〗知る、分かる
19. 这种 zhè zhǒng　このような、この種の
20. 清楚 qīngchu 〖動〗よく知っている
21. 帮 bāng 〖動〗手伝う、代わりに〜してやる
22. 打听 dǎtīng 〖動〗尋ねる、問い合わせる
23. 拜托 bàituō 〖動〗お願いする、お頼みする

Point

1 挿入語 "据说〜" と "听说〜"　「聞くところによれば〜だそうだ」

"听说"より"据说"は、たんなる噂によるものではなく、根拠がある場合が多い。

(1) 听说他们经常到北京出差。
　　Tīngshuō tāmen jīngcháng dào Běijīng chūchāi.　＊出差：出張する

(2) 听说他女朋友很漂亮。
　　Tīngshuō tā nǚpéngyou hěn piàoliang.　＊漂亮：綺麗である、美しい

(3) 据说公司今年给我们涨工资。
　　Jùshuō gōngsī jīnnián gěi wǒmen zhǎng gōngzī.　＊涨工资：賃上げする

(4) 据天气预报说最近几天会有暴风雨。　……情報源を示すこともできる。
　　Jù tiānqì yùbào shuō zuìjìn jǐ tiān huì yǒu bàofēngyǔ.

Point

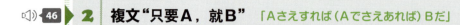

2 複文 "只要A，就B"　「Aさえすれば（Aでさえあれば） Bだ」

(1) 只要你喜欢，我就给你买。
Zhǐyào nǐ xǐhuan, wǒ jiù gěi nǐ mǎi.

(2) 只要是六十岁以上的，就可以半价。　＊半价：半額
Zhǐyào shì liùshí suì yǐshàng de, jiù kěyǐ bànjià.

(3) 只要不下雪，我们就骑自行车去。
Zhǐyào bú xià xuě, wǒmen jiù qí zìxíngchē qù.

(4) 经理只要同意，我们就干吧。　＊经理：社長　＊干：する、やる
Jīnglǐ zhǐyào tóngyì, wǒmen jiù gàn ba.

3 複合方向補語 "～出来"　（内から外へ）「～出てくる、～出す」

動詞の後に用い、内から外へ出てくることを表わす。また、派生的用法（派生義）があり、動作の完成や実現などを表わす。

(1) 玛丽，快拿出来你的礼物。　＊快：早く　＊拿：取る、持つ
Mǎlì, kuài náchūlai nǐ de lǐwù.

(2) 你说出来让我们听听。
Nǐ shuōchūlai ràng wǒmen tīngting.

(3) 王老师匆忙走出教室来。　●場所を表わす目的語は複合方向補語の間に置く。　＊匆忙：慌ただしい
Wáng lǎoshī cōngmáng zǒuchū jiàoshì lai.

(4) 我们公司开发出来新的产品。　●派生義（無から有への転化）　＊产品：製品
Wǒmen gōngsī kāifāchūlai xīn de chǎnpǐn.

🔑 目的語が場所以外の普通名詞の場合、その置かれる位置は複合方向補語の間でも後でも構わない。

我们公司开发出来新的产品。 ＝ 我们公司开发出新的产品来。

4 | 複文 "不仅A，还B"　「Aだけでなく、Bも～」

(1) 他们不仅学英语，还学德语。
　　Tāmen bùjǐn xué Yīngyǔ, hái xué Déyǔ.　　＊德语：ドイツ語

(2) 这孩子不仅聪明，还很好学。
　　Zhè háizi bùjǐn cōngming, hái hěn hàoxué.　　＊好学：勉強が好きである

(3) 这个商店不仅东西便宜，还经常大甩卖。
　　Zhège shāngdiàn bùjǐn dōngxi piányi, hái jīngcháng dà shuǎimài.　　＊大甩卖：大安売りする

(4) 他不仅不认错，还强词夺理。
　　Tā bùjǐn bú rèncuò, hái qiǎngcí-duólǐ.　　＊认错：謝る　　＊强词夺理：成 屁理屈をこねる

5 | 兼語文

　一つの文の中に二つの動詞（或いはフレーズ）があり、第1の動詞の目的語が第2の動詞の主語になっている文を兼語文という。

(1) 我有 一个中国朋友 叫王媛。
　　Wǒ yǒu yí ge Zhōngguó péngyou jiào Wáng Yuán.

　📕 一个中国朋友 は第1動詞"有"の目的語であり、第2動詞"叫"の主語を兼ねる兼語。

(2) 妈妈让孩子们写作业。
　　Māma ràng háizimen xiě zuòyè.　　＊写：書く

(3) 大家选她当人民代表。
　　Dàjiā xuǎn tā dāng rénmín dàibiǎo.　　＊选：選ぶ

(4) 公司不派他去美国留学。　　　否定詞は第1動詞の前に置く。
　　Gōngsī bú pài tā qù Měiguó liúxué.　　＊派：派遣する

Drill

1 中国語の発音を聞いて簡体字で書き取りましょう。

(1) _____ (2) _____

(3) _____ (4) _____

(5) _____ (6) _____

(7) _____ (8) _____

2 本文に基づいて質問に答えましょう。

(1) 威廉有一个什么愿望？

　答 _____

(2) 玛丽和威廉的共同愿望是什么？

　答 _____

(3) 威廉他们想了解什么？

　答 _____

(4) 铃木说帮威廉他们做什么？

　答 _____

3 下記の日本語の意味になるように、語句を並べ替えましょう。

(1) 鈴木さん、その時にはまた私たちのために安い旅館の予約をお願いしますよ。
　〔 我们　时候　拜托　铃木　旅店　便宜　到　还　订　给　要　你　的　，　。〕

　_____

(2) 私の親友の一人が中国で仕事をしています。
　〔 朋友　工作　一个　中国　好　在　有　我　。〕

　_____

(3) 彼らは観光だけでなく、ボランティア活動にも参加したいそうです。
　〔 观光　听说　志愿者　他们　活动　不仅　参加　想　还　，　。〕

　_____

4 次の文を中国語に訳しましょう。

(1) お手伝いできることがあれば、必ず力を尽します。

(2) 彼女には王媛という中国人の友達がいます。

(3) 私は東京マラソンに参加したいのですが、手続きはやりやすいですか。

(4) 私には一つ願望があるが、実現できるかどうかは分かりません。

5 次の空欄を埋めて、日本語に訳してみましょう。

(1) 据说（　　　　　）报名，交参加费，（　　　　　　）可以参加东京马拉松。
日本語訳

(2) 我喜欢这个商店，（　　　　　）东西便宜，（　　　　　　）经常大甩卖。
日本語訳

(3) 玛丽，（　　　　　）你给大家买了礼物，快拿（　　　　　）让我们看看。
日本語訳

次の中国語を暗唱してみましょう。

- 我能帮忙的，一定尽力。　　　　　Wǒ néng bāngmáng de, yídìng jìnlì.
- 其实，我们有一个共同的愿望。　　Qíshí, wǒmen yǒu yí ge gòngtóng de yuànwàng.
- 你说出来让大家听听吧。　　　　　Nǐ shuōchūlai ràng dàjiā tīngting ba.
- 我不太清楚，我帮你们打听一下儿吧。Wǒ bú tài qīngchu, wǒ bāng nǐmen dǎtīng yíxiàr ba.

第 9 课　谈谈 个人 问题
Tántan　gèrén　wèntí

Story

プライベートのお話をしてもよいかと、王媛は皆さんに声をかけた。

王媛：我们 已经 成了 好 朋友，可以 谈谈 个人 问题 吗？
　　　Wǒmen yǐjīng chéngle hǎo péngyou, kěyǐ tántan gèrén wèntí ma?

铃木：没 关系，我们 随便 聊 吧。
　　　Méi guānxi, wǒmen suíbiàn liáo ba.

王媛：你们 有 女朋友、男朋友 吗？喜欢 什么 样 的 异性？
　　　Nǐmen yǒu nǚpéngyou、nánpéngyou ma? Xǐhuan shénme yàng de yìxìng?

威廉：我 有 女朋友，我 喜欢 活泼 可爱 的 女孩儿。
　　　Wǒ yǒu nǚpéngyou, wǒ xǐhuan huópo kě'ài de nǚháir.

铃木：我 还 没有。不过，我 喜欢 文静 的 女性。
　　　Wǒ hái méiyǒu. Búguò, wǒ xǐhuan wénjìng de nǚxìng.

王媛：玛丽，你 怎么 不 发言，有 男朋友 吗？
　　　Mǎlì, nǐ zěnme bù fāyán, yǒu nánpéngyou ma?

玛丽：当然 有 啊。他 是 我 的 学长，前年 大学 毕业 了。
　　　Dāngrán yǒu a. Tā shì wǒ de xuézhǎng, qiánnián dàxué bìyè le.

威廉：她 男朋友 非常 优秀，比 我们 的 汉语 好 多 了。
　　　Tā nánpéngyou fēicháng yōuxiù, bǐ wǒmen de Hànyǔ hǎo duō le.

玛丽：他 即使 忙，每天 也 一定 要 学 一 个 小时 汉语。
　　　Tā jíshǐ máng, měitiān yě yídìng yào xué yí ge xiǎoshí Hànyǔ.

铃木：我们 应该 向 他 学习，每天 抓紧 时间 学 汉语。
　　　Wǒmen yīnggāi xiàng tā xuéxí, měitiān zhuājǐn shíjiān xué Hànyǔ.

Word

🔊 50

① 个人问题 gèrén wèntí　恋愛や結婚などプライベートな問題

② 成 chéng 動 〜になる、〜となる

③ 可以 kěyǐ 助動 〜してもよい

④ 没关系 méi guānxi　かまわない、大丈夫だ

⑤ 随便 suíbiàn 形 自由である、気軽である

⑥ 聊 liáo 動 雑談する、むだ話をする

⑦ 男朋友 nánpéngyou 名 彼氏

⑧ 什么样 shénme yàng　どのような

⑨ 异性 yìxìng 名 異性

⑩ 活泼 huópo 形 活発である、生き生きとしている

⑪ 可爱 kě'ài 形 かわいい

⑫ 女孩儿 nǚháir 名 女の子

⑬ 文静 wénjìng 形 上品で静かである

⑭ 怎么 zěnme 代 どうして

⑮ 发言 fāyán 動 発言する、口を開く

⑯ 当然 dāngrán 副・形 もちろん、当然だ

⑰ 学长 xuézhǎng 名 先輩

⑱ 前年 qiánnián 名 おととし、一昨年

⑲ 优秀 yōuxiù 形 優秀である、優れている

⑳ 比 bǐ 介 〜より、〜に比べて

㉑ 即使A，也B jíshǐ A, yě B　たとえAだとしてもBだ

㉒ 小时 xiǎoshí 名 （時を数える単位）時間

㉓ 向 xiàng 介 〜に向かって、〜に

㉔ 抓紧 zhuājǐn 動 しっかりつかむ、急いでやる

Point

🔊 51

1　介詞"向〜"　「〜に向かって、〜に」

動作の方向や動作の向かう相手を表わす。

(1) 我打算向她求婚。
　　Wǒ dǎsuan xiàng tā qiúhūn.　　＊求婚：プロポーズする

(2) 我向你学习，每天晚上跑步。
　　Wǒ xiàng nǐ xuéxí, měitiān wǎnshang pǎobù.　　＊跑步：ジョギングをする

(3) 你看，那个人向我们招手呢。
　　Nǐ kàn, nàge rén xiàng wǒmen zhāoshǒu ne.　　＊招手：手招きする

(4) 请向我们的老朋友问好。
　　Qǐng xiàng wǒmen de lǎo péngyou wènhǎo.　　＊问好：よろしく言う

Point

2 助動詞"可以"と"能"　主語+"可以"/"能"+動詞+(目的語)　「～してもよい、～することができる」

"可以"は許可と可能性を表わす。否定は普通"不能""不行"を用いる。"能"は能力、客観的な条件や事情、ルールなどによってできることを表わす。

(1) 老师，我可以去洗手间吗？ → 可以，你去吧。
　　Lǎoshī, wǒ kěyǐ qù xǐshǒujiān ma?　　Kěyǐ, nǐ qù ba.　　＊洗手间：トイレ、手洗い

(2) 这儿可以（能）用银联卡吗？ → 是的，这儿可以（能）用。
　　Zhèr kěyǐ (néng) yòng Yínliánkǎ ma?　　Shì de, zhèr kěyǐ (néng) yòng.
　　＊银联卡：中国の銀行のカード
　　　　　　　　　　　　　　　　　　　　　对不起，这儿不能用。
　　　　　　　　　　　　　　　　　　　　　Duìbuqǐ, zhèr bù néng yòng.

(3) 明天的聚会你能参加吗？ → 我能参加。／我不能参加。
　　Míngtiān de jùhuì nǐ néng cānjiā ma?　　＊聚会：集まり

(4) 你还不到二十岁，不能（不可以）喝酒！　……　禁止の意を表わす。
　　Nǐ hái bú dào èrshí suì, bù néng (bù kěyǐ) hē jiǔ!

3 比較文"A比B～"　「AはBより～だ」

(1) 这家餐厅比那家餐厅便宜。
　　Zhè jiā cāntīng bǐ nà jiā cāntīng piányi.

(2) 今年夏天比去年凉快。
　　Jīnnián xiàtiān bǐ qùnián liángkuai.　　＊凉快：涼しい

(3) 妹妹比哥哥聪明多了。　……　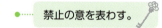
　　Mèimei bǐ gēge cōngming duō le.　　量や程度の差を表わすこともできる。

(4) 这个比那个贵。　否定文 → 这个不比那个贵。
　　Zhège bǐ nàge guì.　　　　　　　Zhège bù bǐ nàge guì.

　　　　　　　　　　　　　　　　　　这个没有那个贵。
　　　　　　　　　　　　　　　　　　Zhège méiyǒu nàge guì.

4 複文 "即使A，也B"   「たとえAだとしてもB、仮にAであってもBだ」

(1) 即使便宜，我也不买。
Jíshǐ piányi, wǒ yě bù mǎi.

(2) 即使大家都反对，我也要去。
Jíshǐ dàjiā dōu fǎnduì, wǒ yě yào qù.

(3) 即使是假日，我们也营业。　　＊假日：休日　＊营业：営業する
Jíshǐ shì jiàrì, wǒmen yě yíngyè.

(4) 即使有失败的可能性，我也想试试。　　＊试：試す、試みる
Jíshǐ yǒu shībài de kěnéngxìng, wǒ yě xiǎng shìshi.

5 時量補語　　主語＋動詞＋時量補語＋（目的語）

時量補語は動詞の後に置かれ、動作や状態が持続する時間を表わす。

(1) 我每天睡七（个）小时。
Wǒ měitiān shuì qī (ge) xiǎoshí.

(2) 他每星期打三次工。　　＊每星期（每周 měi zhōu）：每週
Tā měi xīngqī dǎ sān cì gōng.

(3) 昨天我看了两个小时电影。
Zuótiān wǒ kànle liǎng ge xiǎoshí diànyǐng.

▍ただし、目的語が代名詞の場合、時量補語は目的語の後ろに置く。

主語＋動詞＋目的語＋時量補語

(4) 你等我一会儿好吗？　→　好的，我等你十分钟。○
　　Nǐ děng wǒ yíhuìr hǎo ma?　　　Hǎo de, wǒ děng nǐ shí fēnzhōng.

　　　　　　　　　　　　　　　　好的，我等十分钟你。×
　　　　　　　　　　　　　　　　Hǎo de, wǒ děng shí fēnzhōng nǐ.

　　　　　　　　　　　　　　　　＊分钟：分、分間

Drill

1 中国語の発音を聞いて簡体字で書き取りましょう。

(1) _____   (2) _____

(3) _____   (4) _____

(5) _____   (6) _____

(7) _____   (8) _____

2 本文に基づいて質問に答えましょう。

(1) 王媛想谈什么问题？

答 _____

(2) 威廉喜欢什么样的女孩儿？铃木呢？

答 _____

(3) 玛丽的男朋友怎么样？

答 _____

(4) 铃木说应该向谁学习？学什么？

答 _____

3 下記の日本語の意味になるように、語句を並べ替えましょう。

(1) 兄は毎週ジムで2時間体を鍛えます。　＊健身房 jiànshēnfáng：ジム

〔 我　身体　哥哥　健身房　锻炼　小时　每星期　去　两个　。〕

_____

(2) 私は彼女を1時間も待っているが、まだ来ていません。

〔 我　她　她　一个　可是　没来　小时　等　还　了　，　。〕

_____

(3) 父はたとえ忙しくても、毎日必ず1時間新聞を読みます。

〔 我　即使　每天　小时　报纸　一定　爸爸　一个　看　要　忙　也　，　。〕

_____

4 次の文を中国語に訳しましょう。

(1) あなたはどのような女性が好きですか。

(2) 彼の中国語は私よりずっと上手です。

(3) 私たちはすでによい友達になりました。

(4) 私たちは彼を見習うべきです。

5 次の空欄を埋めて、日本語に訳してみましょう。

(1) 今年夏天（　　　　　）去年凉快，（　　　　　）去年夏天热。

　　日本語訳

(2) 我们经理说了：（　　　　　）有失败的可能性，（　　　　　）一定要试试。

　　日本語訳

(3) 星期六我们去打棒球，你（　　　　　）去吗？
　　→ 我有事，不（　　　　　）去。

　　日本語訳

 暗唱できるように

次の中国語を暗唱してみましょう。

- 我们已经成了好朋友。　　Wǒmen yǐjīng chéngle hǎo péngyou.
- 没关系，我们随便聊吧。　　Méi guānxi, wǒmen suíbiàn liáo ba.
- 你有女朋友（男朋友）吗？　　Nǐ yǒu nǚpéngyou (nánpéngyou) ma?
- 他每天一定要学习一个小时汉语。　　Tā měitiān yídìng yào xuéxí yí ge xiǎoshí Hànyǔ.

第 10 课　联系 方法
Liánxì　fāngfǎ

Story　日本の楽しい旅はいよいよ終わり、彼らは次の計画を立てようとしている。　🔊 55

玛丽：日本 之 行 快 结束 了，得 商量 去 中国 的 日程 了。
　　　Rìběn zhī xíng kuài jiéshù le, děi shāngliang qù Zhōngguó de rìchéng le.

威廉：今后 我们 怎么 联系？
　　　Jīnhòu wǒmen zěnme liánxì?

王媛：很 简单，我们 都 有 微信，建 一 个 微信 群 吧。
　　　Hěn jiǎndān, wǒmen dōu yǒu Wēixìn, jiàn yí ge Wēixìn qún ba.

威廉：好 主意，这样 我们 可以 随时 用 微信 联系。
　　　Hǎo zhǔyi, zhèyàng wǒmen kěyǐ suíshí yòng Wēixìn liánxì.

王媛：大家 把 微信 号儿，或者 手机 号儿 发 给 我，我 来 建 群。
　　　Dàjiā bǎ Wēixìn hàor, huòzhě shǒujī hàor fā gěi wǒ, wǒ lái jiàn qún.

铃木：诶，玛丽，你 怎么 了？哪儿 不 舒服 吗？
　　　Éi, Mǎlì, nǐ zěnme le? Nǎr bù shūfu ma?

玛丽：不 是。昨晚 隔壁 很 吵闹，早上 三 点 左右 才 睡着。
　　　Bú shì. Zuówǎn gébì hěn chǎonào, zǎoshang sān diǎn zuǒyòu cái shuìzháo.

王媛：是 吗？我 一点儿 也 不 知道，一 躺下 就 睡着 了。
　　　Shì ma? Wǒ yìdiǎnr yě bù zhīdào, yì tǎngxia jiù shuìzháo le.

玛丽：不 要紧。我们 去 星巴克 喝 杯 咖啡 好 不 好？
　　　Bú yàojǐn. Wǒmen qù Xīngbākè hē bēi kāfēi hǎo bu hǎo?

铃木：好 啊，正好 大家 都 休息 一下儿。
　　　Hǎo a, zhènghǎo dàjiā dōu xiūxi yíxiàr.

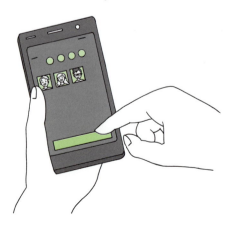

Word

1. 联系 liánxì 〔名・動〕連絡（する）
2. 之行 zhī xíng ～の旅
3. 快～了 kuài ~ le もうすぐ〔じきに〕～となる〔だ〕
4. 结束 jiéshù 〔動〕終わる、打ち切る
5. 得 děi 〔助〕～しなければならない
6. 商量 shāngliang 〔動〕相談する、打ち合わせる
7. 日程 rìchéng 〔名〕日程、スケジュール
8. 微信 Wēixìn 〔名〕ウィーチャット（WeChat）
9. 建 jiàn 〔動〕建てる、設立する、作る
10. 微信群 Wēixìn qún ウィーチャットグループ
11. 这样 zhèyàng 〔代〕こういうふうにする、そうする
12. 主意 zhǔyi 〔名〕考え、思案
13. 用 yòng 〔介〕～で…（する）
14. 随时 suíshí 〔副〕随時、いつでも
15. 把 bǎ 〔介〕～を（…する）
16. 号儿 hàor 〔名〕番号、ナンバー
17. 或者 huòzhě 〔接〕あるいは、または
18. 隔壁 gébì 〔名〕隣りの部屋、隣人
19. 吵闹 chǎonào 〔形・動〕騒々しい、騒ぐ
20. 左右 zuǒyòu 〔名〕ぐらい、前後
21. 才 cái 〔副〕やっと、ようやく
22. 睡着 shuìzháo 眠りに入る、寝つく
23. 躺下 tǎngxia 横になる、体を横にする
24. 不要紧 bú yàojǐn かまわない、大丈夫だ
25. 星巴克 Xīngbākè 〔名〕スターバックス
26. 正好 zhènghǎo 〔副〕ちょうど、都合よく

Point

1 "快～了" 〔もうすぐ〔じきに〕～となる〔だ〕〕

または"快要～了""要～了"とも言う。

(1) 他们快大学毕业了。
　　Tāmen kuài dàxué bìyè le.

(2) 快要到圣诞节了。
　　Kuàiyào dào Shèngdànjié le. ＊圣诞节：クリスマス

(3) 奥运会快要开幕了。
　　Àoyùnhuì kuàiyào kāimù le. ＊奥运会：オリンピック

(4) 要到春节了，到处是买东西的人。
　　Yào dào Chūnjié le, dàochù shì mǎi dōngxi de rén. ＊春节：旧正月

Point

▶ 2 　助動詞"得"　「～しなければならない」

(1) 我得马上去中国出差。
　　Wǒ děi mǎshàng qù Zhōngguó chūchāi.　　＊马上：すぐ、直ちに

(2) 快开学了，我得赶快写报告。
　　Kuài kāixué le, wǒ děi gǎnkuài xiě bàogào.　　＊开学：学校が始まる　　＊赶快：急いで、早く

(3) 这么重要的会议，你得参加。
　　Zhème zhòngyào de huìyì, nǐ děi cānjiā.

(4) 我们得商量一下儿工作计划。
　　Wǒmen děi shāngliang yíxiàr gōngzuò jìhuà.　　＊计划：計画

▶ 3 　"把"構文　"把"＋目的語＋動詞＋付加成分　「～を（…する）」

　目的語を強調したい時、或いは目的語となっている人や事物に対する処置・影響を表わす場合、介詞"把"を用いて目的語を動詞の前に置くことができる。動詞の後に必ず補語や動態助詞の"着""了"など付加成分をつける。

(1) 我们把今天的工作都做完了。（動態助詞"了"）
　　Wǒmen bǎ jīntiān de gōngzuò dōu zuòwán le.

(2) 你们把情况汇报一下儿。（動量補語）
　　Nǐmen bǎ qíngkuàng huìbào yíxiàr.　　＊汇报：報告する

(3) 他在商店把钱包丢了。　　→ 被害やマイナスのことにも使われる。
　　Tā zài shāngdiàn bǎ qiánbāo diū le.
　　＊丢：なくす、失う

(4) 他们没把教室打扫干净。（結果補語）　　→ 否定詞は"把"の前に置く。
　　Tāmen méi bǎ jiàoshì dǎsǎo gānjìng.
　　＊打扫：掃除する　　＊干净：きれいである、清潔である

4 副詞 "就" と "才"　「すぐ、もう」「やっと、ようやく」

"就"は動作の発生が早い、スムーズ、容易であることを表わし、"才"はその反対、遅い、順調でない、容易でないことを表わす。

(1) 一路很顺利，我们七点就到了。
　　Yílù hěn shùnlì, wǒmen qī diǎn jiù dào le.　　＊一路：道中　＊顺利：順調である

(2) 我六点就起床了，弟弟七点才起床。
　　Wǒ liù diǎn jiù qǐchuáng le, dìdi qī diǎn cái qǐchuáng.

(3) 昨晚他们看足球赛，三点才睡觉。
　　Zuówǎn tāmen kàn zúqiúsài, sān diǎn cái shuìjiào.

(4) 你们什么时候到的？　→　我八点半就到了。
　　Nǐmen shénme shíhou dào de?　　　 Wǒ bā diǎn bàn jiù dào le.

　　　　　　　　　　　　　　　　　　 因为火车晚点，我九点才到。
　　　　　　　　　　　　　　　　　　 Yīnwèi huǒchē wǎndiǎn, wǒ jiǔ diǎn cái dào.

5 複文 "一A，就B"　「Aすると、（すぐに）Bだ（なる）」

(1) 他一困就喝咖啡。
　　Tā yí kùn jiù hē kāfēi.　　＊困：眠い、眠くなる

(2) 他爸爸一到星期天，就去打高尔夫球。
　　Tā bàba yí dào xīngqītiān, jiù qù dǎ gāo'ěrfūqiú.　　＊打高尔夫球：ゴルフをする

(3) 她一到春天，就经常感冒。
　　Tā yí dào chūntiān, jiù jīngcháng gǎnmào.

(4) 很多留学生一到寒假和暑假就回国。
　　Hěn duō liúxuéshēng yí dào hánjià hé shǔjià jiù huí guó.　　＊寒假：冬休み

Drill

1 中国語の発音を聞いて簡体字で書き取りましょう。

(1) _____ (2) _____

(3) _____ (4) _____

(5) _____ (6) _____

(7) _____ (8) _____

2 本文に基づいて質問に答えましょう。

(1) 玛丽他们要商量什么？

答 _____

(2) 他们今后打算怎么联系？

答 _____

(3) 玛丽昨晚为什么没睡好？

答 _____

(4) 王媛昨晚睡得怎么样？

答 _____

3 下記の日本語の意味になるように、語句を並べ替えましょう。

(1) 生徒たちは教室をとても綺麗に掃除しました。
〔 把　打扫　非常　学生们　干净　教室　得　。〕

_____

(2) 昨夜、私たちはみな疲れたので、横になると、すぐに眠ってしまいました。
〔 了　了　昨晚　睡着　我们　躺下　都　就　累　一　，　。〕

_____

(3) 日本の旅はもうすぐ終わりますが、ご感想を聞かせて下さい。
〔 谈谈　结束　感想　之行　日本　快　请　的　您　了　，　。〕＊感想 gǎnxiǎng

_____

66

4 次の文を中国語に訳しましょう。

(1) どうしましたか。どこか具合が悪いですか。

(2) 今後、私たちはどのように連絡を取りますか。

(3) そうですか。私はまったく分かりませんでした。

(4) 私たちはスターバックスにコーヒーを飲みに行きませんか。

5 次の空欄を埋めて、日本語に訳してみましょう。

(1) 快要毕业（　　　　　），我们（　　　　　）抓紧写毕业论文。

日本語訳

(2) 我们八点半（　　　　　）到学校了，可是他九点十分（　　　　　）来。

日本語訳

(3) 小时候（　　　　　）到暑假，妈妈（　　　　　）带我去姥姥家玩儿。
＊小时候 xiǎo shíhou：小さい時
＊姥姥 lǎolao：（母方の）おばあさん

日本語訳

 暗唱できるように

次の中国語を暗唱してみましょう。

・你怎么了？哪儿不舒服吗？　　　Nǐ zěnme le? Nǎr bù shūfu ma?

・是吗？我一点儿也不知道。　　　Shì ma? Wǒ yìdiǎnr yě bù zhīdào.

・好啊，正好大家都休息一下儿。　Hǎo a, zhènghǎo dàjiā dōu xiūxi yíxiàr.

・今后我们怎么联系？　→　很简单，可以用微信联系。
　Jīnhòu wǒmen zěnme liánxì?　Hěn jiǎndān, kěyǐ yòng Wēixìn liánxì.

第 11 课　欢聚 北京
Huānjù　Běijīng

Story　北京空港で。　　61

铃木：一 年 没 见 了，玛丽 和 媛媛 越 来 越 漂亮 了。
　　　Yì nián méi jiàn le, Mǎlì hé Yuányuan yuè lái yuè piàoliang le.

威廉：遗憾 的 是 我 还是 一 个 穷 学生，没有 钱。
　　　Yíhàn de shì wǒ háishi yí ge qióng xuésheng, méiyǒu qián.

玛丽：你 别 着急 挣 钱 啊，当务之急 是 把 毕业 论文 写好。
　　　Nǐ bié zháojí zhèng qián a, dāngwùzhījí shì bǎ bìyè lùnwén xiěhǎo.

铃木：噢，你们 在 写 毕业 论文 呢。辛苦，辛苦！
　　　Ō, nǐmen zài xiě bìyè lùnwén ne. Xīnkǔ, xīnkǔ!

王媛：这 几 天 好好儿 地 放松 一下儿，尽情 地 玩儿玩儿 吧。
　　　Zhè jǐ tiān hǎohāor de fàngsōng yíxiàr, jìnqíng de wánrwánr ba.

威廉：晚上 去 全聚德 吧，我 还 没 吃过 正宗 的 北京 烤鸭。
　　　Wǎnshang qù Quánjùdé ba, wǒ hái méi chīguo zhèngzōng de Běijīng kǎoyā.

玛丽：赞成！我 早就 馋 了。
　　　Zànchéng! Wǒ zǎojiù chán le.

威廉：明天 早上 我们 去 长城，一定 要 登上 山顶！
　　　Míngtiān zǎoshang wǒmen qù Chángchéng, yídìng yào dēngshang shāndǐng!

铃木：对，不 到 长城 非 好汉！玛丽 和 媛媛 行 不 行？
　　　Duì, bú dào Chángchéng fēi hǎohàn! Mǎlì hé Yuányuan xíng bu xíng?

王媛：没 问题，我 还 被 选为 学校 的 选手，参加过 体育 比赛 呢。
　　　Méi wèntí, wǒ hái bèi xuǎnwéi xuéxiào de xuǎnshǒu, cānjiāguo tǐyù bǐsài ne.

Word

① 欢聚 huānjù 動 楽しく集う、団らんする
② 越来越 yuè lái yuè　ますます〜だ
③ 遗憾 yíhàn 形 残念である、遺憾である
④ 着急 zháojí 形 焦る、気をもむ
⑤ 挣钱 zhèng qián　金を稼ぐ
⑥ 当务之急 dāngwùzhījí 成 当面の急務
⑦ 噢 ō （理解や了解の気持ちを表すときに発する言葉）ああ
⑧ 在 zài 副 〜している（ところ）
⑨ 辛苦 xīnkǔ 〈社交辞令〉ご苦労さま
⑩ 好好儿 hǎohāor 副 よく、しっかり
⑪ 地 de 助 連用修飾語のしるし
⑫ 放松 fàngsōng 動 リラックスする、楽にする
⑬ 尽情 jìnqíng 副 思う存分、思いきり
⑭ 全聚德 Quánjùdé 名 （ぜんじゅとく）北京ダックの有名店
⑮ 北京烤鸭 Běijīng kǎoyā 名 北京ダック
⑯ 过 guo 助 〜したことがある
⑰ 正宗 zhèngzōng 形 本場の、正真正銘の
⑱ 早就 zǎojiù 副 とっくに
⑲ 馋 chán 形 食べたがる、舌が肥えている
⑳ 长城 Chángchéng 名 万里の長城
㉑ 登上 dēngshang 〜までに登る
㉒ 不到长城非好汉 Bú dào Chángchéng fēi hǎohàn 諺 万里の長城に行かなければ好漢じゃない。「初志を貫かないものはりっぱな人間ではない」ということに例える
㉓ 被 bèi 介 〜される
㉔ 选为 xuǎnwéi　選出する
㉕ 体育比赛 tǐyù bǐsài 名 スポーツ大会

Point

1 "越来越〜"　［ますます〜だ］

また"越"＋動詞＋"越"の表現もある。「すればするほど〜だ」

(1) 天气越来越暖和了。
　　Tiānqì yuè lái yuè nuǎnhuo le.　＊暖和：暖かい

(2) 学生们的英语说得越来越流利。
　　Xuéshengmen de Yīngyǔ shuōde yuè lái yuè liúlì.

(3) 汉语越学越有意思。
　　Hànyǔ yuè xué yuè yǒu yìsi.　＊有意思：面白い

(4) 看现场直播的足球迷们越看越兴奋。
　　Kàn xiànchǎng zhíbō de zúqiúmímen yuè kàn yuè xīngfèn.
　　＊现场直播：生中継　＊足球迷：サッカーファン

Point

🔊 64 ▶ 2 　動作の進行を表わす"在"　「〜している（ところ）」

副詞"在"は動作、行為が進行中であることを表わす。文末に"呢"とペアで使ってもよいし、"呢"を単独で使ってもよい。否定文は普通"没"を用いる。

(1) 我们在学习汉语。
　　 Wǒmen zài xuéxí Hànyǔ.

(2) 妈妈在看电视呢。
　　 Māma zài kàn diànshì ne.

(3) 他们举行毕业典礼呢。
　　 Tāmen jǔxíng bìyè diǎnlǐ ne.　　＊举行：挙行する、行う　　＊毕业典礼：卒業式

(4) 你在做什么?　→　我在看网球赛。
　　 Nǐ zài zuò shénme?　　　Wǒ zài kàn wǎngqiú sài.

　　　　　　　　　　　　　我没在看网球赛。
　　　　　　　　　　　　　Wǒ méi zài kàn wǎngqiú sài.

　　　　　　　　　　　　　＊网球：テニス

●･･･ 否定詞は"在"の前に置く。

▶ 3 　構造助詞"地"

動詞・形容詞を修飾する語句・フレーズの後ろに置かれ、連用修飾語であることを表わす。

(1) 我们得认真地研究一下儿。
　　 Wǒmen děi rènzhēn de yánjiū yíxiàr.　　＊认真：真剣である

(2) 太阳渐渐地升起来了。
　　 Tàiyáng jiànjiàn de shēngqǐlai le.　　＊渐渐：だんだん　　＊升起来：昇ってくる

(3) 新娘幸福地微笑着。
　　 Xīnniáng xìngfú de wēixiàozhe.　　＊新娘：花嫁　　＊微笑：ほほえむ

(4) 老王每天勤勤恳恳地工作，没有怨言。
　　 Lǎo Wáng měitiān qínqínkěnkěn de gōngzuò, méiyǒu yuànyán.
　　 ＊勤勤恳恳：勤勉で誠実である　　＊怨言：不平、文句

4 動態助詞"过"　　主語＋動詞＋"过"＋（目的語）　「～したことがある」

"过"は動詞の後に置いて、過去の経験を表わす。否定文は"没（有）"を用いる。

(1) 我吃过中国菜。
　　Wǒ chīguo Zhōngguócài.

(2) 小时候妈妈带我去过中国。
　　Xiǎo shíhou māma dài wǒ qùguo Zhōngguó.

(3) 这样的事情我没经历过。
　　Zhèyàng de shìqing wǒ méi jīnglìguo.　　＊经历：経験する

(4) 你们吃过北京烤鸭吗？　→　当然吃过。
　　Nǐmen chīguo Běijīng kǎoyā ma?　　　Dāngrán chīguo.

　　　　　　　　　　　　　　　　　　　我还没吃过。
　　　　　　　　　　　　　　　　　　　Wǒ hái méi chīguo.

5 受身文"被～"　「AはBに～される」

受身文は"被"の他に、口語では"叫""让"もよく用いられる。

A（受動者）＋"被"＋B（主動者）＋動詞＋付加成分

付加成分には、補語（結果補語・方向補語・様態補語）、動態助詞"了""过"といったものが含まれる。

(1) 今天我们被老师表扬了。
　　Jīntiān wǒmen bèi lǎoshī biǎoyáng le.　　＊表扬：褒める

(2) 小李被上司批评过。
　　Xiǎo Lǐ bèi shàngsī pīpíngguo.　　＊批评：叱る

(3) 他被选为学校的棒球队员。
　　Tā bèi xuǎnwéi xuéxiào de bàngqiú duìyuán.　　＊队员：チームのメンバー

(4) 我的摩托车叫朋友骑走了。
　　Wǒ de mótuōchē jiào péngyou qízǒu le.　　＊摩托车：オートバイ

Drill

1 中国語の発音を聞いて簡体字で書き取りましょう。

(1) _____ (2) _____

(3) _____ (4) _____

(5) _____ (6) _____

(7) _____ (8) _____

2 本文に基づいて質問に答えましょう。

(1) 玛丽和媛媛有什么变化吗?　＊变化 biànhuà

答 _____

(2) 威廉他们在写什么?

答 _____

(3) 明天早上他们打算去哪儿?

答 _____

(4) 王媛被选为哪儿的选手? 参加过什么?

答 _____

3 下記の日本語の意味になるように、語句を並べ替えましょう。

(1) 私たちの当面の急務は卒業論文をしっかり書くことです。
〔 毕业论文　是　写　我们　把　的　当务之急　好 。〕

_____

(2) 彼らは学校の選手に選ばれ、スポーツの大会に参加したことがあります。
〔 学校　他们　体育　选为　选手　比赛　参加　被　过　的 ，。〕

_____

(3) 生中継を見ているサッカーファンたちは見れば見るほど興奮してしまう。
〔 足球迷们　越　越　现场　看　看　兴奋　直播　的 。〕

_____

72

4 次の文を中国語に訳しましょう。

(1) 彼女はますます綺麗になりました。

(2) 今日、私たちは思い切り遊びましょう。

(3) 私は本場の北京ダックを食べたことがありません。

(4) 残念ながら、私は相変わらず貧乏学生です。

達成度を総合チェック

5 次の空欄を埋めて、日本語に訳してみましょう。

(1) 我爸爸和妈妈都去（　　　　）中国。我还（　　　　）去过。

日本語訳

(2) 小李经常（　　　　）上司批评，（　　　　）表扬的时候很少。
＊少 shǎo：少ない

日本語訳

(3) 今天我们好好儿（　　　　）放松一下儿，尽情（　　　　）玩儿玩儿吧。

日本語訳

暗唱できるように

次の中国語を暗唱してみましょう。

・他们在写毕业论文。　　　　　　Tāmen zài xiě bìyè lùnwén.
・今天我们好好儿地放松一下儿。　　Jīntiān wǒmen hǎohāor de fàngsōng yíxiàr.
・我还没吃过北京烤鸭。　　　　　Wǒ hái méi chīguo Běijīng kǎoyā.
・我们一定要登上山顶！不到长城非好汉！
　　　　　　　　　Wǒmen yídìng yào dēngshang shāndǐng! Bú dào Chángchéng fēi hǎohàn!

第 12 课　请 到 我 家 做 客
Qǐng dào wǒ jiā zuòkè

Story　王媛さんのご両親はみんなを家に招待したいと言っている。　🔊 67

王媛： 各 位 朋友, 我 爸爸、妈妈 想 请 大家 到 我 家 做客。
　　　Gè wèi péngyou, wǒ bàba、māma xiǎng qǐng dàjiā dào wǒ jiā zuòkè.

铃木： 这么 多 人, 太 给 你 父母 添 麻烦 了 吧?
　　　Zhème duō rén, tài gěi nǐ fùmǔ tiān máfan le ba?

王媛： 哪里 啊, 他们 早就 盼着 跟 大家 见面 呢。
　　　Nǎli a, tāmen zǎojiù pànzhe gēn dàjiā jiànmiàn ne.

玛丽： "有 朋 自 远方 来, 不 亦 乐 乎?"
　　　"Yǒu péng zì yuǎnfāng lái, bú yì lè hū?"

威廉： 哈哈, 又 来 了! 这 句 话 我 可 知道, 是 孔子 的 名言。
　　　Hāhā, yòu lái le! Zhè jù huà wǒ kě zhīdào, shì Kǒngzǐ de míngyán.

玛丽： 中国人 非常 好客, 既然 叔叔 和 阿姨 请 我们, 就 去 吧。
　　　Zhōngguórén fēicháng hàokè, jìrán shūshu hé āyí qǐng wǒmen, jiù qù ba.

铃木： 好 的。媛媛, 你 先 替 我们 向 叔叔、阿姨 表示 谢意。
　　　Hǎo de. Yuányuan, nǐ xiān tì wǒmen xiàng shūshu、āyí biǎoshì xièyì.

王媛： 明天 白天 去 故宫, 晚上 到 我 家 吃 晚饭, 怎么样?
　　　Míngtiān báitiān qù Gùgōng, wǎnshang dào wǒ jiā chī wǎnfàn, zěnmeyàng?

威廉： 你 家 离 故宫 比较 近 吗?
　　　Nǐ jiā lí Gùgōng bǐjiào jìn ma?

王媛： 不, 有点儿 远。不过 坐 地铁 可以 一直 到 家, 很 方便。
　　　Bù, yǒudiǎnr yuǎn. Búguò zuò dìtiě kěyǐ yìzhí dào jiā, hěn fāngbiàn.

Word

① 做客 zuòkè 動 （招かれて）客となる
② 父母 fùmǔ 名 両親
③ 添麻烦 tiān máfan 面倒をかける、迷惑をかける
④ 盼 pàn 動 待ち望む
⑤ 跟 gēn 介 ～に、～と
⑥ 见面 jiànmiàn 動 会う、対面する
⑦ 有朋自远方来，不亦乐乎？ Yǒu péng zì yuǎnfāng lái, bú yì lè hū? 友が遠くから訪ねて来てくれるのは、たいへん楽しいことではないか。
⑧ 哈哈 hāhā 感 （得意なさま、または満足なさまを表わす）はっは
⑨ 可 kě 副 平叙文に用い、主に強調または断定を表わす
⑩ 孔子 Kǒngzǐ 名 紀元前5世紀頃、中国の思想家、教育家、儒教の始祖
⑪ 好客 hàokè 形 客好きである
⑫ 既然 A，(就) B jìrán A, (jiù) B Aである以上はBだ、AしたからにはBだ
⑬ 叔叔 shūshu 名 おじ、おじさん
⑭ 阿姨 āyí 名 おば、おばさん
⑮ 替 tì 動 ～に代わる、～の代わりをする
⑯ 表示 biǎoshì 動 表示する、表わす
⑰ 谢意 xièyì 名 謝意、感謝の気持ち
⑱ 白天 báitiān 名 昼、昼間
⑲ 故宫 Gùgōng 名 北京にある明・清王朝の皇居。"紫禁城 Zǐjìnchéng"ともいう。
⑳ 离 lí 介 ～から、～まで
㉑ 比较 bǐjiào 副 比較的に、わりに
㉒ 有点儿 yǒudiǎnr 副 少し、ちょっと
㉓ 一直 yìzhí 副 まっすぐに、ずっと

Point

1 介詞 "跟～" 「～に、～と」

動作の相手や共に行動する人、比較の対象を示す。

(1) 我们跟老师学中国歌。
Wǒmen gēn lǎoshī xué Zhōngguó gē.

(2) 我跟朋友一起去打乒乓球。
Wǒ gēn péngyou yìqǐ qù dǎ pīngpāngqiú.

(3) 他跟我一般大，今年二十岁。
Tā gēn wǒ yìbān dà, jīnnián èrshí suì. ＊一般大：同じ年だ

(4) 我爸爸下班以后经常跟同事去喝酒。
Wǒ bàba xiàbān yǐhòu jīngcháng gēn tóngshì qù hē jiǔ. ＊下班：仕事が終わる ＊同事：同僚

Point

🔊 70 ▶ 2 　副詞"再"と"又"

　いずれも「また」の意味を有するが、"再"はまだ発生していない、これからのことに使う。"又"は既に発生したことに用いる。

(1) 明年我还想再去中国旅游。
　　Míngnián wǒ hái xiǎng zài qù Zhōngguó lǚyóu.

(2) 有时间请再来玩儿吧。　　→　好的，有时间再来。
　　Yǒu shíjiān qǐng zài lái wánr ba.　　Hǎo de, yǒu shíjiān zài lái.

(3) 听说昨天他们又去了迪斯尼乐园。
　　Tīngshuō zuótiān tāmen yòu qùle Dísīní Lèyuán.　　＊迪斯尼乐园：ディズニーランド

(4) 你不是刚买了一台电脑吗，怎么又买了？
　　Nǐ bú shì gāng mǎile yì tái diànnǎo ma, zěnme yòu mǎi le?
　　＊刚：〜したばかり　　＊电脑：コンピュータ

▶ 3 　複文"既然A，（就）B"　「Aである以上はBだ、AしたからにはBだ」

(1) 既然他想去，就让他去吧。
　　Jìrán tā xiǎng qù, jiù ràng tā qù ba.

(2) 既然大家都赞成，就这么定了。
　　Jìrán dàjiā dōu zànchéng, jiù zhème dìng le.　　＊定：決定する

(3) 既然你让我发言，我就说两句。
　　Jìrán nǐ ràng wǒ fāyán, wǒ jiù shuō liǎng jù.　　＊说两句：少し話をする

(4) 既然你信任我，那我一定努力。
　　Jìrán nǐ xìnrèn wǒ, nà wǒ yídìng nǔlì.　　＊信任：信任する、信頼する

4 介詞 "离～" 「～から、～まで」

2点間の空間的距離と時間的隔たりを表わす。

(1) 我们学校离公交车站很近。
　　Wǒmen xuéxiào lí gōngjiāochē zhàn hěn jìn.　　＊公交车站：バス停

(2) 你家离大学近吗？　→　　很近，骑自行车只要五分钟。
　　Nǐ jiā lí dàxué jìn ma?　　Hěn jìn, qí zìxíngchē zhǐ yào wǔ fēnzhōng.　＊要：かかる

　　　　　　　　　　　　　　比较远，坐轻轨要一个小时。
　　　　　　　　　　　　　　Bǐjiào yuǎn, zuò qīngguǐ yào yí ge xiǎoshí.
　　　　　　　　　　　　　＊轻轨：（都市交通としての）電車

(3) 现在离奥运会还有多长时间？
　　Xiànzài lí Àoyùnhuì hái yǒu duō cháng shíjiān?

(4) 离期末考试还有一个星期了，大家都在复习。
　　Lí qīmò kǎoshì hái yǒu yí ge xīngqī le, dàjiā dōu zài fùxí.
　　＊期末考试：期末試験　　＊一个星期：1週間

5 "有点儿" と "一点儿" 「少し、ちょっと」

"有点儿" は副詞で動詞・形容詞の前に置き、多くはマイナス、望ましくないことに使われる。
"一点儿" は数量詞で動詞・形容詞の後に置き、客観的に程度や量が少しであることを表わす。

(1) 你好像累了？　→　　是的，我有点儿累了。
　　Nǐ hǎoxiàng lèi le?　　Shì de, wǒ yǒudiǎnr lèi le.

　　　　　　　　　　　　不要紧，我吃一点儿东西就好了。
　　　　　　　　　　　　Bú yàojǐn, wǒ chī yìdiǎnr dōngxi jiù hǎo le.

(2) 我有点儿渴了。　→　你喝一点儿乌龙茶吧。
　　Wǒ yǒudiǎnr kě le.　　Nǐ hē yìdiǎnr wūlóngchá ba.　　＊渴：のどが渇く

(3) 我有点儿饿了。　→　你吃一点儿面包怎么样？
　　Wǒ yǒudiǎnr è le.　　Nǐ chī yìdiǎnr miànbāo zěnmeyàng?　　＊面包：パン

(4) 今天有点儿冷。　→　那我们多穿一点儿衣服。
　　Jīntiān yǒudiǎnr lěng.　　Nà wǒmen duō chuān yìdiǎnr yīfu.　　＊冷：寒い

Drill

1 中国語の発音を聞いて簡体字で書き取りましょう。

(1) _____ (2) _____
(3) _____ (4) _____
(5) _____ (6) _____
(7) _____ (8) _____

2 本文に基づいて質問に答えましょう。

(1) 王媛的父母想做什么？

答 _____

(2) 王媛家离故宫近吗？

答 _____

(3) 王媛的父母盼着跟谁见面？

答 _____

(4) 孔子的那句名言你会说吗？

答 _____

3 下記の日本語の意味になるように、語句を並べ替えましょう。

(1) 父は仕事を終えた後、よく同僚と居酒屋へ飲みに行きます。　＊小酒馆 xiǎojiǔguǎn：居酒屋
〔 同事　爸爸　小酒馆　下班　经常　以后　喝酒　跟　去　我 。〕

_____

(2) 期末試験まであと1週間になり、みんなが急いで復習しています。
〔 复习　大家　考试　一个星期　期末　抓紧　离　还有　了　都　在 , 。〕

_____

(3) おじさんとおばさんが私たちを招いた以上、行きましょうよ。
〔 我们　既然　叔叔　阿姨　去　请　就　吧　和 , 。〕

_____

4 次の文を中国語に訳しましょう。

(1) 中国人はたいへんお客好きです。

(2) お宅は大学から近いですか。

(3) うちの両親はみなさんを家にご招待したいと言っています。

(4) 地下鉄に乗れば、まっすぐ家に着くことができます。

達成度を総合チェック

5 次の空欄を埋めて、日本語に訳してみましょう。

(1) 他（　　　　）累了。让他休息一下儿，吃（　　　　）东西就好了。

日本語訳

(2) （　　　　）经理让我发言，我（　　　　）不客气地说两句。
＊不客气 bú kèqi：遠慮しない

日本語訳

(3) 我在中国餐厅吃（　　　　）北京烤鸭，很好吃。我还想（　　　　）去吃一次。

日本語訳

暗唱できるように

次の中国語を暗唱してみましょう。

- "有朋自远方来，不亦乐乎？"   "Yǒu péng zì yuǎnfāng lái, bú yì lè hū?"
- 这句话我知道，是孔子的名言。   Zhè jù huà wǒ zhīdào, shì Kǒngzǐ de míngyán.
- 你先替我们向叔叔、阿姨表示谢意。   Nǐ xiān tì wǒmen xiàng shūshu、āyí biǎoshì xièyì.
- 坐地铁可以一直到家，很方便。   Zuò dìtiě kěyǐ yìzhí dào jiā, hěn fāngbiàn.

课外 活动
Kèwài huódòng

街に出ていろいろな中国語の案内や、看板を探し、意味を調べてください。
そして自分の発見を発表してください。

単 語 索 引

漢字、ピンイン、初出の課の順。[ ]の数字は課、「ポ」の付いている語句はポイント、「ト」の付いている語句はトレーニングによるもの。

A

阿姨 āyí	[12]
爱好 àihào	[7] ポ
爱子 àizǐ	[4]
奥运会 Àoyùnhuì	[10] ポ

B

巴黎 Bālí	[6] ポ
把 bǎ	[10]
白天 báitiān	[12]
拜托 bàituō	[8]
办 bàn	[7] ポ
办法 bànfǎ	[6]
半价 bànjià	[8] ポ
帮 bāng	[8]
帮忙 bāngmáng	[8]
棒 bàng	[3]
报告 bàogào	[6] ポ
报名 bàomíng	[8]
暴雨 bàoyǔ	[5] ポ
报纸 bàozhǐ	[3] ポ
北京烤鸭 Běijīng kǎoyā	[11]
被 bèi	[11]
比 bǐ	[9]
比较 bǐjiào	[12]
毕业 bìyè	[1] ポ
毕业典礼 bìyè diǎnlǐ	[11] ポ
遍 biàn	[1] ポ
变化 biànhuà	[11] ト
标准 biāozhǔn	[3]
表示 biǎoshì	[12]
表扬 biǎoyáng	[11] ポ
别 bié	[7]
宾馆 bīnguǎn	[7]
宾客 bīnkè	[7]
不错 búcuò	[6]
不但A，而且B búdàn A, érqiě B	[6]
不到长城非好汉 Bú dào Chángchéng fēi hǎohàn	[11]
不客气 bú kèqi	[12] ト
不怕 bú pà	[5] ポ
不是～吗 bú shì ～ ma	[2]
不要紧 bú yàojǐn	[10]
不用 búyòng	[4] ポ
不管A，都B bùguǎn A, dōu B	[5]
不简单 bù jiǎndān	[3]
不仅A，还B bùjǐn A, hái B	[8]
不舒服 bù shūfu	[3] ポ
不行 bùxíng	[6]

C

才 cái	[10]
采用 cǎiyòng	[6] ポ
菜单 càidān	[6]
餐厅 cāntīng	[6] ト
查 chá	[1] ポ
馋 chán	[11]
产品 chǎnpǐn	[8] ポ
尝 cháng	[5]
长城 Chángchéng	[11]
超市 chāoshì	[2] ポ
炒饭 chǎofàn	[6]
吵闹 chǎonào	[10]
成 chéng	[9]
成功 chénggōng	[7] ト
迟到 chídào	[4] ポ
出差 chūchāi	[8] ポ
初次见面，请多关照 Chūcì jiànmiàn, qǐng duō guānzhào	[3]
出来 chūlai	[8]
出去 chūqu	[4]
除了A，还B chúle A, hái B	[2]
穿旗袍 chuān qípáo	[7] ポ
春节 Chūnjié	[10] ポ
蠢话 chǔnhuà	[4] ポ

81

匆忙　cōngmáng　　　　　　　[8]　ポ

D

打棒球　dǎ bàngqiú　　　　　　[1]　ポ
打的　dǎdī　　　　　　　　　[6]　ポ
打电话　dǎ diànhuà　　　　　　[3]　ト
打高尔夫球　dǎ gāo'ěrfūqiú　　　[10]　ポ
打乒乓球　dǎ pīngpāngqiú　　　[2]　ポ
打听　dǎtīng　　　　　　　　　[8]
打扫　dǎsǎo　　　　　　　　　[10]　ポ
打算　dǎsuan　　　　　　　　　[2]
大家　dàjiā　　　　　　　　　[1]
大堂经理　dàtáng jīnglǐ　　　　[7]
大甩卖　dà shuǎimài　　　　　　[8]　ポ
带　dài　　　　　　　　　　　[5]
单人房　dānrénfáng　　　　　　[6]　ポ
担心　dānxīn　　　　　　　　　[7]　ポ
当　dāng　　　　　　　　　　　[5]
当然　dāngrán　　　　　　　　　[9]
当务之急　dāngwùzhījí　　　　　[11]
导游　dǎoyóu　　　　　　　　　[5]
到处　dàochù　　　　　　　　　[1]
到底　dàodǐ　　　　　　　　　[7]　ポ
德语　Déyǔ　　　　　　　　　[8]　ポ
得　de　　　　　　　　　　　[3]
地　de　　　　　　　　　　　[11]
得　děi　　　　　　　　　　　[10]
等　děng　　　　　　　　　　　[1]　ポ
迪斯尼乐园　Dísīní Lèyuán　　　[12]　ポ
登上　dēngshang　　　　　　　[11]
地方　dìfang　　　　　　　　　[2]
第一次　dì-yī cì　　　　　　　[2]
点菜　diǎncài　　　　　　　　　[6]
电灯　diàndēng　　　　　　　　[7]　ポ
电脑　diànnǎo　　　　　　　　[12]　ポ
电视　diànshì　　　　　　　　　[2]　ポ
电子词典　diànzǐ cídiǎn　　　　[4]　ポ
订　dìng　　　　　　　　　　　[2]
定　dìng　　　　　　　　　　　[12]　ポ
丢　diū　　　　　　　　　　　[10]　ポ
东西　dōngxi　　　　　　　　　[5]　ポ
懂　dǒng　　　　　　　　　　　[6]　ポ

读万卷书，行万里路
　　Dú wàn juàn shū, xíng wàn lǐ lù　[2]
锻炼身体　duànliàn shēntǐ　　　[2]　ポ
队员　duìyuán　　　　　　　　[11]　ポ
多大　duō dà　　　　　　　　　[6]　ポ

E

俄语　Éyǔ　　　　　　　　　　[1]
饿　è　　　　　　　　　　　　[4]　ポ
饿坏　èhuài　　　　　　　　　[6]
诶　éi　　　　　　　　　　　[1]
儿子　érzi　　　　　　　　　　[6]　ポ

F

发短信　fā duǎnxìn　　　　　　[2]　ポ
发言　fāyán　　　　　　　　　[9]
翻译　fānyì　　　　　　　　　[7]
方便　fāngbiàn　　　　　　　　[6]　ポ
放假　fàngjià　　　　　　　　　[2]　ポ
放松　fàngsōng　　　　　　　　[11]
放心　fàngxīn　　　　　　　　　[5]
飞机　fēijī　　　　　　　　　　[4]　ポ
分摊　fēntān　　　　　　　　　[6]
分钟　fēnzhōng　　　　　　　　[9]　ポ
服务　fúwù　　　　　　　　　[6]
父母　fùmǔ　　　　　　　　　[12]

G

干净　gānjìng　　　　　　　　　[10]　ポ
赶快　gǎnkuài　　　　　　　　[10]　ポ
感冒　gǎnmào　　　　　　　　　[4]　ポ
感想　gǎnxiǎng　　　　　　　　[10]　ト
干　gàn　　　　　　　　　　　[8]　ポ
刚　gāng　　　　　　　　　　　[12]　ポ
刚才　gāngcái　　　　　　　　　[4]
高兴　gāoxìng　　　　　　　　[1]
告诉　gàosu　　　　　　　　　[2]　ポ
隔壁　gébì　　　　　　　　　　[10]
各处　gè chù　　　　　　　　　[5]
个人问题　gèrén wèntí　　　　　[9]

给 gěi	[2]	
跟 gēn	[12]	
更 gèng	[4]	
公交车站 gōngjiāochē zhàn	[12]	ㅏ
公司 gōngsī	[1]	ㅏ
工作 gōngzuò	[1]	ㅏ
共同 gòngtóng	[8]	
够 gòu	[4]	
故宫 Gùgōng	[12]	
观赏 guānshǎng	[3]	ㅏ
光 guāng	[7]	
逛 guàng	[5]	
贵 guì	[5]	ㅏ
过 guo	[11]	

H

哈哈 hāhā	[12]	
还 hái	[1]	
还没想好 hái méi xiǎnghǎo	[7]	
还是 háishi	[3]	
还有 háiyǒu	[2]	
孩子 háizi	[2]	卜
韩国语 Hánguóyǔ	[1]	
寒假 hánjià	[10]	ㅏ
好 hǎo	[7]	
好办 hǎo bàn	[8]	
好好儿 hǎohāor	[11]	
好久不见 Hǎojiǔ bú jiàn	[3]	
好像 hǎoxiàng	[1]	
好客 hàokè	[12]	
号码 hàomǎ	[3]	ㅏ
号儿 hàor	[10]	
好学 hàoxué	[8]	ㅏ
画画儿 huà huàr	[6]	ㅏ
化妆品 huàzhuāngpǐn	[6]	ㅏ
欢聚 huānjù	[11]	
换 huàn	[1]	ㅏ
会 huì (1)	[1]	
会 huì (2)	[4]	
汇报 huìbào	[10]	ㅏ
活泼 huópo	[9]	
火车 huǒchē	[7]	卜

或者 huòzhě	[10]	

J

即使A，也B jíshǐ A, yě B	[9]	
既A，又B jì A, yòu B	[5]	
计划 jìhuà	[10]	ㅏ
既然A，(就)B jìrán A, (jiù) B	[12]	
加班 jiābān	[1]	ㅏ
家庭旅店 jiātíng lǚdiàn	[2]	
加油 jiāyóu	[7]	
家长 jiāzhǎng	[3]	ㅏ
价格 jiàgé	[7]	
假日 jiàrì	[9]	ㅏ
建 jiàn	[10]	
渐渐 jiànjiàn	[11]	ㅏ
见面 jiànmiàn	[12]	
健身房 jiànshēnfáng	[9]	卜
教 jiāo	[3]	ㅏ
交 jiāo	[8]	
接待 jiēdài	[7]	
结束 jiéshù	[10]	
介绍 jièshào	[2]	
金牌 jīnpái	[7]	ㅏ
尽力 jìnlì	[8]	
尽情 jìnqíng	[11]	
经常 jīngcháng	[2]	
经风雨，见世面 jīng fēngyǔ, jiàn shìmiàn	[4]	
经理 jīnglǐ	[8]	ㅏ
经历 jīnglì	[11]	ㅏ
精神 jīngshen	[4]	
就是说 jiùshi shuō	[4]	
举行 jǔxíng	[11]	ㅏ
聚会 jùhuì	[9]	ㅏ
据说 jùshuō	[8]	
觉得 juéde	[4]	

K

开车 kāichē	[1]	ㅏ
开阔视野 kāikuò shìyě	[4]	
开心 kāixīn	[6]	

83

开学 kāixué	[10] ポ		马上 mǎshàng	[10] ポ
看见 kànjiàn	[3] ト		嘛 ma	[7]
考试 kǎoshì	[4] ポ		买不到 mǎibudào	[5]
可 kě	[12]		买不起 mǎibuqǐ	[5] ポ
渴 kě	[12] ポ		没关系 méi guānxi	[9]
可爱 kě'ài	[9]		每人 měi rén	[6]
可能 kěnéng	[5]		美食 měishí	[5]
可以 kěyǐ ～することができる	[1]		每星期 měi xīngqī	[9] ポ
可以 kěyǐ ～してもよい	[9]		每周 měi zhōu	[9] ポ
客气 kèqi	[6]		门票 ménpiào	[5]
恳求 kěnqiú	[5] ポ		梦想 mèngxiǎng	[7]
孔子 Kǒngzǐ	[12]		面包 miànbāo	[12] ポ
快 kuài 形	[3] ポ		明白 míngbai	[4]
快 kuài 副	[8] ポ		明年 míngnián	[2] ポ
快～了 kuài~le	[10]		摩托车 mótuōchē	[11] ポ
困 kùn	[10] ポ		目标 mùbiāo	[7]

L

拉面 lāmiàn	[5]		拿 ná	[8] ポ
老板 lǎobǎn	[7]		哪里哪里 nǎli nǎli	[3]
老话 lǎohuà	[2]		那么 nàme	[3]
姥姥 lǎolao	[10] ト		那样 nàyàng	[5] ポ
了 le 動態助詞	[3]		男朋友 nánpéngyou	[9]
了 le 語気助詞	[6]		能 néng	[3]
累 lèi	[4] ポ		年级 niánjí	[1]
冷 lěng	[12] ポ		念 niàn	[1] ポ
离 lí	[12]		纽约 Niǔyuē	[6] ポ
礼物 lǐwù	[2] ポ		暖和 nuǎnhuo	[11] ポ
连A都B lián A dōu B	[2]		女孩儿 nǚháir	[9]
联系 liánxì	[10]			
凉快 liángkuai	[9] ポ			
聊 liáo	[9]			

O

噢 ō	[11]

了不起 liǎobuqǐ	[1]
了解 liǎojiě	[8]
吝啬 lìnsè	[7] ポ
流利 liúlì	[3] ポ
录像 lùxiàng	[6] ポ
伦敦 Lúndūn	[6] ポ

P

派 pài	[8] ポ
盼 pàn	[12]
跑 pǎo	[3] ポ
跑步 pǎobù	[9] ポ
朋友 péngyou	[1]
批评 pīpíng	[11] ポ

M

马拉松 mǎlāsōng	[8]

啤酒	píjiǔ	[6]	生鱼片	shēngyúpiàn	[6]
便宜	piányi	[4] ポ	圣诞节	Shèngdànjié	[10] ポ
漂亮	piàoliang	[8] ポ	胜任	shèngrèn	[7]
拼命	pīnmìng	[3]	时候	shíhou	[3]
			试	shì	[9] ポ
			事情	shìqing	[2] ポ
			手续	shǒuxù	[8]

Q

期末考试	qīmò kǎoshì	[12] ポ	书本	shūběn	[4]
其实	qíshí	[8]	蔬菜	shūcài	[5] ポ
骑自行车	qí zìxíngchē	[1] ポ	叔叔	shūshu	[12]
前年	qiánnián	[9]	暑假	shǔjià	[2]
强词夺理	qiǎngcí-duólǐ	[8] ポ	帅	shuài	[3]
亲眼	qīnyǎn	[4]	水平	shuǐpíng	[2]
勤勤恳恳	qínqínkěnkěn	[11] ポ	睡	shuì	[4]
清楚	qīngchu	[8]	睡着	shuìzháo	[10]
轻轨	qīngguǐ	[12] ポ	顺便	shùnbiàn	[1]
请客	qǐngkè	[6]	顺利	shùnlì	[10] ポ
晴空塔	Qíngkōngtǎ	[5]	说两句	shuō liǎng jù	[12] ポ
穷	qióng	[5]	送	sòng	[3] ポ
求婚	qiúhūn	[9] ポ	虽然A，但是B	suīrán A, dànshì B	[7]
全聚德	Quánjùdé	[11]	随便	suíbiàn	[9]
全球社会	quánqiú shèhuì	[4]	随时	suíshí	[10]

R

让	ràng	[3]	谈	tán	[3] ポ
热	rè	[7] ポ	弹吉他	tán jítā	[1] ポ
认错	rèncuò	[8] ポ	躺下	tǎngxia	[10]
认识	rènshi	[1]	趟	tàng	[1] ポ
认真	rènzhēn	[11] ポ	特	tè	[7]
日程	rìchéng	[10]	踢足球	tī zúqiú	[3] ポ
如果A，就B	rúguǒ A, jiù B	[4]	提议	tíyì	[6]
			体育比赛	tǐyù bǐsài	[11]
			替	tì	[12]
			天赋	tiānfù	[3]

T (continued on left side: S)

S

赛	sài	[6] ト	添麻烦	tiān máfan	[12]
商量	shāngliang	[10]	听说	tīngshuō	[5]
上班	shàngbān	[6] ポ	通过	tōngguò	[8]
上大学	shàng dàxué	[3]	同事	tóngshì	[12] ポ
上课	shàngkè	[4] ポ	同学	tóngxué	[1]
少	shǎo	[11] ト			
什么样	shénme yàng	[9]			
升起来	shēngqǐlai	[11] ポ			

W

哇 wā	[1]	
外面 wàimiàn	[4]	
玩儿 wánr	[6]	
晚 wǎn	[3]	ポ
晚点 wǎndiǎn	[4]	ポ
网球 wǎngqiú	[11]	ポ
网上 wǎng shang	[2]	
忘 wàng	[7]	ポ
微笑 wēixiào	[11]	ポ
微信 Wēixìn	[10]	
微信群 Wēixìn qún	[10]	
为 wèi	[6]	ポ
为什么 wèi shénme	[2]	ポ
文静 wénjìng	[9]	
问好 wènhǎo	[9]	ポ
乌龙茶 wūlóngchá	[3]	ポ

X

西班牙语 Xībānyáyǔ	[1]	ト
西餐 xīcān	[2]	ポ
喜欢 xǐhuan	[5]	
洗手间 xǐshǒujiān	[9]	ポ
洗澡 xǐzǎo	[5]	ポ
下班 xiàbān	[12]	ポ
下次 xià cì	[8]	
下课 xiàkè	[3]	ポ
夏威夷 Xiàwēiyí	[2]	ポ
先A，然后B xiān A, ránhòu B	[5]	
现场直播 xiànchǎng zhíbō	[11]	ポ
相似 xiāngsì	[4]	
向 xiàng	[9]	
消息 xiāoxi	[3]	ポ
小酒馆 xiǎojiǔguǎn	[12]	ト
小笼包 xiǎolóngbāo	[1]	ポ
小论文 xiǎolùnwén	[3]	ポ
小时 xiǎoshí	[9]	
小时候 xiǎo shíhou	[10]	ポ
写 xiě	[8]	ポ
谢意 xièyì	[12]	
辛苦 xīnkǔ 苦労する、骨が折れる	[3]	
辛苦 xīnkǔ 〈社交辞令〉ご苦労さま	[11]	
新娘 xīnniáng	[11]	ポ
信任 xìnrèn	[12]	ポ
星巴克 Xīngbākè	[10]	
行 xíng	[6]	ポ
需要 xūyào	[3]	
选 xuǎn	[8]	ポ
选为 xuǎnwéi	[11]	
学长 xuézhǎng	[9]	

Y

亚洲 Yàzhōu	[5]	ポ
谚语 yànyǔ	[4]	
样子 yàngzi	[4]	ポ
要 yào 助	[4]	
要 yào 動 ください、もらう、ほしい	[6]	
要 yào 動 かかる	[12]	ポ
要么A，要么B yàome A, yàome B	[6]	
一定 yídìng	[5]	
一份儿 yí fènr	[6]	
一个星期 yí ge xīngqī	[12]	ポ
遗憾 yíhàn	[11]	
一会儿 yíhuìr	[4]	
一路 yílù	[10]	ポ
一下儿 yíxiàr	[1]	
已经 yǐjīng	[6]	ポ
一般大 yìbān dà	[12]	ポ
一边A，一边B yìbiān A, yìbiān B	[3]	
一点儿 yìdiǎnr	[3]	
议论 yìlùn	[4]	
一起 yìqǐ	[6]	ポ
意思 yìsi	[2]	
异性 yìxìng	[9]	
一直 yìzhí	[12]	
因为A，所以B yīnwèi A, suǒyǐ B	[4]	
银联卡 Yínliánkǎ	[9]	ポ
应该 yīnggāi	[4]	
营业 yíngyè	[9]	ポ
用 yòng	[10]	
优秀 yōuxiù	[9]	
邮寄 yóujì	[4]	ポ
油腻 yóunì	[5]	ポ

游戏机　yóuxìjī	[4]	ポ
有的　yǒude	[1]	
有点儿　yǒudiǎnr	[12]	
有朋自远方来，不亦乐乎　Yǒu péng zì yuǎnfāng lái, bú yì lè hū	[12]	
有意思　yǒu yìsi	[11]	ポ
又　yòu	[7]	
瑜珈　yújiā	[7]	ポ
远大　yuǎndà	[7]	
愿望　yuànwàng	[8]	
怨言　yuànyán	[11]	ポ
越来越　yuè lái yuè	[11]	
越南语　Yuènányǔ	[2]	ポ

Z

再　zài	[6]	
在　zài	[11]	
再会　zàihuì	[3]	
早就　zǎojiù	[11]	
怎么　zěnme　どのように	[1]	ポ
怎么　zěnme　どうして	[9]	
怎么办　zěnme bàn	[7]	ポ
怎么样　zěnmeyàng	[5]	
站　zhàn	[7]	ポ
章鱼小丸子　zhāngyú xiǎowánzi	[5]	
涨工资　zhǎng gōngzī	[8]	ポ
招待会　zhāodàihuì	[7]	ポ
招手　zhāoshǒu	[9]	ポ
着急　zháojí	[11]	
这句话　zhè jù huà	[2]	
这里　zhèli	[1]	ポ
这么　zhème	[2]	ポ
这样　zhèyàng　こんな、このような	[2]	
这样　zhèyàng　そうする	[10]	
这种　zhè zhǒng	[8]	
着　zhe	[7]	

正好　zhènghǎo	[10]	
挣钱　zhèng qián	[11]	
正宗　zhèngzōng	[11]	
支持　zhīchí	[7]	ポ
知道　zhīdào	[2]	
之行　zhī xíng	[10]	
只　zhǐ	[4]	
只好　zhǐhǎo	[3]	
只要A，就B　zhǐyào A, jiù B	[8]	
智能手机　zhìnéng shǒujī	[2]	ポ
志愿者活动　zhìyuànzhě huódòng	[8]	
中餐　zhōngcān	[2]	ポ
中午　zhōngwǔ	[5]	
周游世界　zhōuyóu shìjiè	[7]	ポ
主要　zhǔyào	[1]	
主意　zhǔyi	[10]	
住满　zhùmǎn	[6]	ポ
住宿　zhùsù	[7]	
抓紧　zhuājǐn	[9]	
专业　zhuānyè	[1]	
准时　zhǔnshí	[5]	ポ
紫禁城　Zǐjìnchéng	[12]	
自由行　zìyóuxíng	[2]	
自助游　zìzhùyóu	[2]	
总是　zǒngshì	[3]	ト
足球迷　zúqiúmí	[11]	ポ
最后　zuìhòu	[4]	ト
左右　zuǒyòu	[10]	
坐　zuò	[7]	ポ
做客　zuòkè	[12]	
作为　zuòwéi	[7]	
作业　zuòyè	[7]	ポ

他

AA制　AAzhì	[6]
A是A，不过B　A shì A, búguò B	[5]

仲間で話そう中国語	
検印省略	©2019年1月31日 初版 発行 2022年1月31日 第4刷 発行

著　者	徐　送迎
音声吹込	凌　慶成
	徐　送迎

発行者	原　雅久
発行所	株式会社 朝 日 出 版 社
	〒101-0065　東京都千代田区西神田 3-3-5
	電話 (03) 3239-0271 (直通)
	振替口座　東京 00140-2-46008
	倉敷印刷

乱丁・落丁本はお取り替えいたします
ISBN978-4-255-45320-0 C1087

本書の一部あるいは全部を無断で複写複製（撮影・デジタル化を含む）及び転載することは、法律上で認められた場合を除き、禁じられています